Harald Havas
Unglaubliches Wien

HARALD HAVAS

UNGLAUBLICHES WIEN

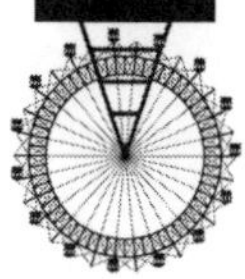

Entdeckungen für Fortgeschrittene

METROVERLAG

Gewidmet meinem Bruder, Alfred Dadisch, einem leider viel zu früh verstorbenen echten Wiener, sowie der Buchhändlerlegende Heinz Kolisch, von dem der Titel dieses Buches fast stammt.

Inhalt

Vorwort

Wie nennt man ein Buch, das seltsame, witzige und weitgehend unbekannte Fakten über die Stadt Wien in einem lockeren Plauderton berichtet oder besser erzählt? Kategorisieren würde man es wohl Neudeutsch als „Infotainment", aber wie nennt man, also titelt man es? Vor allem, wenn der Markt von anderen – freilich ganz anders strukturierten – Büchern nur so wimmelt, die aber alle ebenfalls schon „Wien" im Namen führen? Als ich 2005 mein erstes Wienbuch verfasste war das noch relativ einfach. Der damalige Verlag wünschte sich eine Imitation des zu dieser Zeit die Bestellerlisten stürmenden ironischen Sachbuchs „Schotts Sammelsurium". Zwar wurden auch damals seitenweise alternative Titel diskutiert (etwa „Wiener Melange"), aber als die Rechtsabteilung grünes Licht gab, wurde es dann doch schlicht, deutlich und plagiatorisch ... pardon, emulierend das „Wiener Sammelsurium".

Als nach mehreren Jahren, nach mehreren anderen (nicht Wien-)Büchern und zwei Verlagswechseln wieder die Idee im Raum stand, ein Buch über Kuriositäten aus und über Wien zu publizieren (allerdings entgegen der Auflistung von Fakten in knapper Form, wie im Sammelsurium-Buch, nun eher in feuilletonstilartigem Erzählton gehalten), rauchten bald wieder die Köpfe, was den Titel betraf. Viele Besprechungen mit meinen über alle Maßen geschätzten und engagierten VerlegerInnen und MitarbeiterInnen vom Metroverlag, unzählige witzige bis abwegige Ideen und viele, viele E-Mails später, einigte man sich schließlich sozusagen auf den kleinsten gemeinsamen Nenner und somit auf den fast rein deskriptiven Titel „Kurioses Wien“.

Das Buch wurde ein beachtlicher Erfolg und bald stand eine Fortsetzung im Raum. Wieder wurden die verschiedensten Ideen gewälzt, von vollkommen neuen Ansätzen bis hin zu deutlichen Fortsetzungstiteln wie „Kurioses Wien 2“ oder „Kuriose Wiener“. Oder auch „Obskures Wien“, von dem ich mich aber etwas eingeschränkt gefühlt hätte. Bis dann plötzlich, wie ein Dschinn aus der Flasche, der Titel „Furioses Wien“ in der Kommunikation erschien. Und irgendwie allen gefiel. Persönlich kam mir die Titelwahl ganz gelegen, denn ich war mitten im Schreiben an dem Buch und der Titel wirkte in gewisser Weise befreiend auf mich. Denn unter uns: „Furioses Wien“ heißt eigentlich gar nix. Aber es klingt gut.

Allerdings hatten diese Wahl und die eng an den ersten Band angelehnte Umschlaggestaltung einen unerwarteten Nebeneffekt. Trotz oder gerade wegen ganz toller und ausführlicher Berichterstattung in den Medien über das neue Buch (etwa mehrere TV-Berichte) lief der Verkauf von „Furioses Wien“ zwar ganz gut – der vom Backlist-Titel „Kurioses Wien“ explodierte aber! Offenbar fiel es Buchhändlern und Kunden schwer, die beiden auseinanderzuhalten – oder viele entschieden sich im Zweifelsfall für den ersten (und, siehe oben, deutlicher betitelten) Band.

Das versetzte der Idee, später aus den zwei Büchern eine Trilogie zu machen, und dabei den dritten Teil ebenfalls akustisch anzulehnen, einen schweren Dämpfer. (Ich hätte da übrigens „Glorioses Wien“ präferiert, obwohl es auch Stimmen für „Dubioses Wien“ gab.) Um potenzielle Neu-Leser nicht zu verwirren, entschied man sich dann aber für einen neuen und in gewisser Weise auch alten Weg, nämlich der Benennung mit einem selbsterklärenden Adjektiv. Und so wurde das „Unglaubliche Wien“ schließlich zum „Unglaublichen Wien“. Obwohl, Ihnen kann ich's ja verraten, „Unglaublich, aber Wien“ hätte mir fast noch besser gefallen ...

Aufgrund des Inhalts vieler der folgenden Kapitel hätten wir das Buch allerdings auch getrost „Unsichtbares Wien“ nennen können. Wieso das, lesen Sie aber am besten selbst.

Harald Havas

Der Ring, der nie gelungen

April 2012: Nach langen Diskussionen und politischen Querelen wurde endgültig beschlossen, eine der zentralen Straßen der Wiener Innenstadt umzubenennen. Also, nur einen Teil der Straße. Denn die Ringstraße stellt ja namenstechnisch wie geografisch einen Straßenzug dar, der aus verschiedenen Teilen mit verschiedenen Namen besteht. Welche Wiener Kinder in der Volksschule erlernen müssen – um sie in den meisten Fällen sogleich wieder zu vergessen. Und die auch keinen Ring ergeben. Denn wenn man den Stadtplan genauer betrachtet, wird man feststellen, dass der Ring eigentlich eher ein asymmetrisches, sechseckiges U darstellt. Nimmt man den Kai dazu, ein asymmetrisches Achteck. Und die Ecken sind außerdem, abgesehen vom Kai, nur ein einziges Mal gleichbedeutend mit dem Namenswechsel der Straße! Echt, überprüfen Sie's.

Doch zurück zum Thema. Es geht also um den Teil, der nun umbenannt wird. Da der bei nochmaliger Überlegung aber eh einen eigenen Namen hat, wurde also eigentlich doch beschlossen, eine der zentralen Straßen der Wiener Innenstadt umzubenennen, nicht einen Teil. Außer man rechnet die Ecken mit ein, dann ... Aber egal.

Auch wegen dieser verwirrenden Tatsachen rund um den Ring wird die Umbenennung des Dr.-Karl-Lueger-

Rings, von dem nämlich hier die Rede ist, weiten Teilen der Bevölkerung nicht besonders auffallen. Allerdings ist diese Umbenennung, in Universitätsring, natürlich sinnvoll. Denn das Problematische an der Gestalt des Namensgebers Dr. Karl Lueger ist ja, dass er nicht nur ein sehr populärer, sondern auch ein sehr populistischer Bürgermeister war. So sind ihm zwar eindeutig auch viele Verdienste um den Ausbau und Umbau Wiens in eine modernere und auch sozialere Stadt zuzuschreiben. Gleichzeitig bediente er aber die antisemitischen Gefühle seiner Zeit mit markigen Sprüchen und spielte auf den Vorurteilen der Bevölkerung wie auf einer Orgel sein eigenes Stück. Da nach wie vor viele andere Bauwerke und Orte in Wien seines Namens gedenken, unter anderem eine Kirche am Wiener Zentralfriedhof, können wohl auch eingefleischte Lueger-Fans, die es noch immer gibt, den Verlust der Bezeichnung des Ring-Teils verschmerzen. Denn es steht ja auch noch das Lueger-Denkmal am Rande des Parkrings, auf dem Dr.-Karl-Lueger-Platz. Ideen, dieses Denkmal nicht zu entfernen, sondern einfach leicht nach rechts zu neigen, um einerseits die rechte Neigung des Bürgermeisters zu demonstrieren und andererseits die Schieflage der heutigen Politik im Umgang mit seiner Person, werden wohl nicht in absehbarer Zeit realisiert werden. Obwohl das schon nett wäre.

Sogar ein Wienerlied, meist „Lueger-Lied" genannt, gibt es über den Bürgermeister, das ausgerechnet von Hans Moser (eigentlich Johann Julier, nein, nicht Jean Julier oder

Jean Juliet, wie oft fälschlicherweise behauptet), populär gemacht wurde. Derselbe Moser, dem es nur mit vielen Verrenkungen und diplomatischem Geschick gelang, seine jüdische Frau unbeschadet durch die Nazizeit zu bringen; und das außerdem aus der Operette „Essig und Öl" stammt, die von Robert Katscher, der auch viele bekannte Lieder wie „Wenn die Elisabeth nicht so schöne Beine hätt" komponierte, verfasst wurde. Der als Jude im Jahr 1938 in die USA emigrieren musste, wo er auch starb. Besagtes Lied nun wird oft auch „Der Doktor Lueger hat mir einmal die Hand gereicht" genannt und enthält unter anderem folgende Textzeilen:

„Der Doktor Lueger hat mir einmal die Hand gereicht,
er hat gesagt: Mein lieber Freund, mein braver Steuerträger,
ich fürchte nicht für diese Stadt, solang sie solche Bürger hat.
Dann hat er mir die Hand gereicht, der Doktor Lueger."

Die Umbenennung des Dr.-Karl-Lueger-Rings, die auch damit zu tun hatte, dass Lueger eine Art Bildungsgegner war und die an der Straße gelegene Hauptuni schon länger darunter gelitten hat, seinen Namen in der Adresse führen zu müssen, war aber nicht die erste solche der bekannten Prachtstraße. Zur Zeit der Fertigstellung der Ringstraße und noch einige Zeit darüber hinaus herrschte nämlich bekanntermaßen die Monarchie absolut in Österreich. Und das spiegelte sich natürlich auch in der Benennung von Straßen wieder. Auch in der Zwischenkriegs-

sowie der Nazizeit kam es zu – kurzfristigen – Umbenennungen. Weiters änderte sich die Länge der Abschnitte gelegentlich, was die historische Aufarbeitung der Veränderungen nicht gerade vereinfacht. Hier dennoch der Versuch eines Überblicks über die Namens- und Längenwandel – beginnend bei der Urania, im Uhrzeigersinn und der heutigen Einbahn folgend:

- Der **Stubenring** hatte Glück und hieß immer so. Benannt ist er nach dem nicht mehr existierenden Stubentor (siehe „Furioses Wien“, Kapitel „Kunst und Kultur, unterirdisch“). Die oft berichtete Benennung nach den sich vermutlich früher dort befunden habenden Badestuben ist laut dem – meist unfehlbaren – „Historischen Lexikon der Stadt Wien“ allerdings nicht nachweisbar.

- Der **Parkring** hieß von 1910–1919 nach dem deutschen Herrscher „Kaiser Wilhelm-Ring“.

- Der **Schubertring** hieß ursprünglich und bis 1928 „Kolowratring“, benannt nach Graf Kolowrat-Liebsteinsky, dem zwar nur kurzzeitigen, aber immerhin ersten konstitutionellen Ministerpräsidenten der österreichischen Monarchie.

- Der **Kärntner Ring** (anfangs „Kärnthner Ring“) hieß von 1917–1920 „Kaiserin Zita-Ring“, nach der Gattin von Kaiser Karl I.

- Der **Opernring**, ebenfalls von 1917–1920, nach Kaiser Karl I., daher „Kaiser Karl-Ring“.

- Der **Burgring** reichte ursprünglich bis zum Parlament, der Teil bis zur Bellariastraße hat seinen Namen nie geändert, aber ...

- Der **Dr.-Karl-Renner-Ring**, heute von Bellariastraße bis zum Rathausplatz reichend, hieß anfangs gemeinsam mit dem heutigen „Universitätsring“ ursprünglich „Franzensring“ nach Kaiser Franz II./I., dem letzten Kaiser des „Heiligen Römischen Reichs“ und ersten Kaiser Österreichs. Allerdings wurde gerade der Teil vor dem Parlament rasch zum Politikum und änderte seinen Namen infolge wie andere die Unterwäsche: ab 1919 hieß er „Ring des 12. Novembers“, nach der Ausrufung der Republik Deutschösterreich am 12.11.1918, und reichte da noch über die volle Länge bis zur Schottengasse (Jonas-Reindl). Aber schon 1934 wurde der Teil vorm Parlament in „Dr.-Ignaz-Seipel-Ring“ umbenannt, dem bislang einzigen katholischen Priester und Prälat, der in Österreich das Amt des Bundeskanzlers ausübte. 1940 war der Ständestaat, den er leitete, nicht mehr wohlgelitten und sein Ring wurde in „Josef-Bürckel-Ring“, nach dem damaligen NS-Gauleiter benannt. Neben Karl und Zita übrigens die einzige Benennung nach einer zum Benennungszeitpunkt noch lebenden Person. Freilich wurde die Straße 1945 wieder flugs in

„Dr.-Ignaz-Seipel-Ring“ umgewandelt. Da die Rolle Seipels in der Zwischenkriegszeit und in der Nachkriegszeit jedoch zunehmend weniger rosig gesehen wurde, erhielt das Stückerl Straße 1949 den neutralen Namen „Parlamentsring“. Nur um schon 1956 seinen heutigen Namen nach Dr. Karl Renner, dem ersten Bundespräsidenten der Zweiten Republik, zu erhalten. Uff.

- Der heutige **Universitätsring** war also anfangs noch Teil des „Franzensrings“ und dann des „Rings des 12. Novembers“. Er entstand schließlich 1934 durch Abtrennung

Straße, wem Straße gebührt: die Haupt-Uni liegt jetzt am Universitätsring

vom heutigen „Dr.-Karl-Renner-Ring“ und trug ab da bis 2012 eben den Namen „Dr.-Karl-Lueger-Ring“. Der immer wieder durch die Gegend geisternde Name „Mölkerring“ (nach der Mölkerbastei) für diese Straße lässt sich seriös nicht nachweisen. Vielleicht war er aber ja eine Weile umgangssprachlich in Verwendung.

- Der **Schottenring** schließlich, benannt nach der zum Schottenstift führenden Schottengasse, sowie der ehemaligen Schottenbastei und dem ehemaligen Schottentor, hatte wie sein Kollege Stubenring das Glück, ebenfalls immer so zu heißen. Auch ich bin nicht undankbar.

- Der Franz Josefs-Kai, Basis und Abschluss der Ringstraße, aber offiziell nicht dazugehörig, durfte seinen Namen behalten. Im Gegensatz zur angrenzenden Elisabeth-Promenade, die heute Rossauer Lände heißt, und an deren ehemaligen aristokratischen Namen nur mehr der Slang-Ausdruck „Liesl“ für das dort befindliche Polizeigefangenenhaus erinnert (siehe „Kurioses Wien“, Kapitel „Was in Wien wie heißt“).

Zu der auch nicht besonders bekannten Tatsache, dass ein Teil des heutigen Franz Josefs-Kais bis zu Kriegsende einen ganz anderen Namen trug, sowie zum ebenfalls am Kai gelegenen ehemaligen auch dynastisch benannten „Kaiser Ferdinands-Platz“, kann man in diesem Buch im Kapitel „Wo bitte ist der Schwedenplatz?“ nachlesen.

Apropos vergessenes Wien-Schulwissen: In der US-Fernsehserie „Friends" gab es eine Episode, in der die Protagonisten ein Spiel spielten. Sie sollten alle US-Bundesstaaten auswendig auf ein Papier schreiben. In der Comedy-Serie verzweifelt der intellektuellste Charakter, Ross, an der Aufgabe und schaffte es trotz stundenlanger Versuche nicht, auf den letzten Bundesstaat zu kommen. Angelehnt daran habe ich einmal im Freundeskreis den Versuch unternommen, geborene Wiener die Namen der 23 Wiener Bezirke aufzählen zu lassen. Erschwerend kommt hier natürlich dazu, dass man in Wien – wie auch in Budapest oder Paris – die Bezirke meistens nicht beim Namen nennt, sondern ihre numerische Bezeichnung verwendet. Wie in „Früher habe ich im Dritten gewohnt, aber jetzt bin ich in den Zehnten gezogen". Die Ergebnisse des Spiels waren je nach Sichtweise erschütternd, ernüchternd oder amüsant. Niemandem gelang es, alle 23 Bezirke zu nennen, einige Bezirke wurden vergessen, einige wurden falsch benannt ... und einige wurden dazuerfunden! Falls Sie nun das Buch weglegen wollen, um das Spiel einmal selbst zu probieren, ein kleiner Tipp aus dem damaligen Versuch: Nein, Sievering ist kein eigener Bezirk ...

Da wir hier aber eigentlich von Umbenennungen von Straßen sprechen, möchte ich noch eine Art Postscriptum oder Ergänzung zum Kapitel „Von der Falcogasse und anderen" aus dem Buch „Kurioses Wien" bringen.

Hingeschummelter Mikroplatz an der Landstraße (wenn auch gut gemeint)

Darin berichtete ich von seltsamen Umbenennungen von Verkehrsflächen. Tatsächlich sind echte Straßenumbenennungen in Wien selten. Deswegen wird in den letzten Jahren zu würdigenden Personen meist eine Straßenecke oder bislang unbenannte Sackgasse ihnen zur Ehre zugeteilt. „Mikroplätze" habe ich das damals genannt. Und genau einen solchen möchte ich nachtragen. Einen, der dem Konzept irgendwelche Straßenecken zu Plätzen mit eigenem Namen zu erklären, dem Fass die Krone ins Gesicht schlägt. Denn seit 2011 heißt ein gerade mal 30 m langer Streifen der Landstraßer Hauptstraße – nicht mehr Landstraßer Hauptstraße. Gleich neben dem ehemaligen bis 2004 existierenden „Eos-Kino", für die älteren Jahrgänge hier. Der leicht nach hinten versetzte Eingang zur Herz-Jesu-Kirche (Teil des gleichnamigen Spitals) ergibt optisch zwar durchaus einen etwas breiteren Streifen Gehweg, aber nur mit sehr viel Fantasie einen Platz. Ähnliche zurückgebaute Hauseingänge finden sich auf vielen breiteren Straßen Wiens. Dennoch trägt dieser Streifen Gehsteig nunmehr den Namen „Victor-Braun-Platz". Zu Ehren von Victor Braun, Priester und Ordensgründer der Herz Jesu Schwestern (eigentlich: „Kongregation der Dienerinnen des Heiligsten Herzens Jesu"). Nun will ich dem guten Pater, der sich stets um die besonders vernachlässigten Randgruppen der Gesellschaft bemühte, nicht absprechen, dass ihm eine eigene Verkehrsfläche zum Gedenken zusteht, aber ein Stück Straße quasi zu unterbrechen und einfach zu einem Platz zu erklären, ist schon ein wenig frech von der Stadtplanung. Würde es sich hier nicht um eine katholische Person handeln, könnte man auf gut Wienerisch sogar von einer Chuzpe sprechen. Anfangs war die Tafel, die diesen Platz zu einem solchen macht, sogar Richtung Landstraßer Hauptstraße gedreht. Dass dies der Verwirrung zu viel werden könnte, wurde dann aber vonseiten der Stadt wohl eingesehen, und das Straßenschild weist nunmehr in Richtung Eingang der Kirche. Womit es nur noch aufmerksame Passanten verwirren kann.

Potenzielle U-Bahn-Kollision

Die Geschichte der Wiener Stadtbahn und ihrer Nachfolgerin, der Wiener U-Bahn, ist eine spannende und abwechslungsreiche, nicht nur für Ferrophile. Sie reicht von der Gegenwart und der Frage, wieso es zwar eine U6 gibt, aber keine U5, bis zu der historischen Bedeutung der Stadtbahn als ursprüngliche Truppentransportstrecke der k. u. k. Monarchie (beides siehe „Kurioses Wien", Kapitel „Unterirdisch unterwegs").

Es gibt allerdings auch eine Stelle in Wien, an der Vergangenheit und Gegenwart sich auf überraschende Weise begegnen. Um zu erklären, wieso hier einige Gleise der alten Stadtbahn heute unvermittelt in einem Bürohaus enden, muss jedoch ein wenig ausgeholt werden.

Die dampfbetriebene Stadtbahn der Donaumonarchie bestand im Wesentlichen aus drei Trassen. Die eine, hier vereinfacht „Wientallinie" genannt (tatsächlich bestehend aus „Donaukanallinie" sowie „Unterer" und „Oberer Wientallinie"), entspricht der heutigen U4 und verband schon damals Hütteldorf mit Heiligenstadt. Bis zum Umbau Ende der 70er-, Anfang der 80er-Jahre trug diese Linie dann die Namen D und W.

Die zweite, „Gürtellinie" genannt und heute der Mittelteil der U6, begann und endete jeweils bei einer Station der Wientallinie, nämlich Meidlinger Hauptstraße einerseits und Heiligenstadt anderseits. Später, in der Zeit der Elektrifizierung, wurde das nördliche Ende zweigeteilt und eines über den sogenannten „Verbindungsbogen" zur Station Friedensbrücke geführt, beide Teile nannte man Linie G. Womit sich in der Nachkriegszeit als Streckennetzplan ein hatscherter Kreis mit zwei Schwanzerln ergab.

Zusätzlich führte die auch heute noch sogenannte „Vorortelinie" vom Endpunkte aller drei Linien, Heiligenstadt, in einem nach außen verlagerten Bogen nach Penzing. Diese Stadtbahn wurde als einzige der drei in den 20er-Jahren nicht von der Stadt Wien übernommen und zum Besitz der ÖBB. Lange nur als Güterverkehrsstrecke genutzt, wurde die Vorortelinie erst in den 80er-Jahren als Schnellbahn (S45) wieder Teil des öffentlichen Verkehrsnetzes der Stadt und bis Hütteldorf verlängert. Soweit dazu.

(Bevor ich wilde Briefe, E-Mails und Anrufe bekomme. Diese obere Darstellung ist eine zum Zweck der Einführung und Hinleitung zum eigentlichen Thema stark vereinfachte und verkürzte Darstellung der historischen Tatsachen.)

Durch die Zweiteilung der Linie G am nördlichen Ende des Gürtels ergab sich in der Trassenführung ein kleines geschwungenes Dreieck beim heutigen Knotenpunkt Spittelau.

Da die heutige U6 dort aber nun die alte Wiental-Trasse kreuzt und sich in Richtung Floridsdorf fortsetzt, blieben einige Teile der alten Strecke verwaist zurück. Allerdings befinden sich große Teile auch der heutigen Streckenführung der U6 und U4 vor allem im Bereich der Hochfüh-

„Tatort Döblinger Gürtel: Gleise von Haus verschluckt!“

rung am Gürtel auf baudenkmälerisch geschützten Bauten. So auch die heute aufgelassenen Stücke am Döblinger Gürtel. Diese letzten paar Dutzend Meter der alten Gürtelstrecke einfach so vor sich hin rosten zu lassen, war allerdings auch nicht im Sinne der Stadtplaner. So entschloss man sich, die hochgeführte Trasse, welche ja auch hier die beiden Fahrbahnen des Gürtels voneinander trennt, zwar zu belassen ... aber zu bebauen!

Die moderne Nutzung der kilometerlangen Bauten der Stadtbahnstrecke quer durch Wien hatte ja bereits Ende der 90er-Jahre begonnen. In den sogenannten „Stadtbahnbögen", früher hauptsächlich als Lagerstätten und von Auto-Mechanikern genutzt, entstand seitdem eine komplett neue hochkarätige Flaniermeile der Stadt. Zahlreiche Restaurants, Bars und Veranstaltungsorte finden mittlerweile in den Stadtbahnbögen ihre Heimat. Dazu kommen Supermärkte, Schnellrestaurants und Handwerksbetriebe, vor allem in der Nähe der Haltestationen. Zu dieser Nutzung *unterhalb* der Trasse gesellte sich nun aber im Jahr 2008 auch eine Nutzung *oberhalb* derselben. Nördlich der Nussdorfer Straße, genau ab der Sommergasse, wurde ein „Skyline" genanntes, geschwungenes Gebäude entlang und auf der Trasse errichtet. Die Benennung passt, und von oben betrachtet erinnert das Skyline-Gebäude sogar ein wenig an das Pfeilsymbol der Austrian Airlines. Das Haus endet bei der Heiligenstädter Straße abgestuft, und wirkt ein wenig wie die Vorderseite eines Kreuzfahrtschiffes. Danach: Gleise.

Die Mitarbeiter und Besucher des Skyline-Hauses, in dem unter anderem die Wiener Gebietskrankenkasse und eine Filiale des Reiseveranstalters TUI untergebracht sind, nutzen die nun dort befindliche Terrasse hauptsächlich als Outdoor-Raucherraum mit Aussicht. Wer sich die kuriosem Schienen, die scheinbar im Haus münden, selbst ansehen möchte, muss sich nicht unbedingt Zutritt zum Skyline-Gebäude verschaffen. Über den Fußgänger- und Radfahrer-Zugang beziehungsweise -Brücke, den sogenannten „Skywalk", von der Guneschgasse über die Heiligenstädter Straße zum Bahnhof Spittelau hin, hat man einen einigermaßen guten Blick auf das Schienenendstück. Oder man sieht sich das Ganze auf Google Earth an.

Die Bebauung beziehungsweise Überbauung alter Stadtbahn-Trassen stellt hier übrigens keinen Einzelfall dar. Ein anderes prominentes Beispiel kann man ebenfalls auf der ehemaligen Wientallinie, auf der anderen Seite der Müllverbrennungsanlage, zwischen den heutigen Schienen der U4 und dem Donaukanal bewundern. Derart schlanke, schnittige, dafür lang gezogene Gebäude finden sich sonst (mangels Bedarf und entsprechender Baugründe), kaum in Wien.

Allerdings sind gerade die vielen verschiedenen Gelände der ehemaligen Kopfbahnhöfe Wiens, die nun im Zuge des Baus der Zentralbahnhofes endgültig nicht mehr benötigt werden, schon seit einiger Zeit die bevorzugte Spielwiese der Stadtplaner. Denn wo sonst findet sich im Umkreis der inneren Stadt noch so viel ungenutztes po-

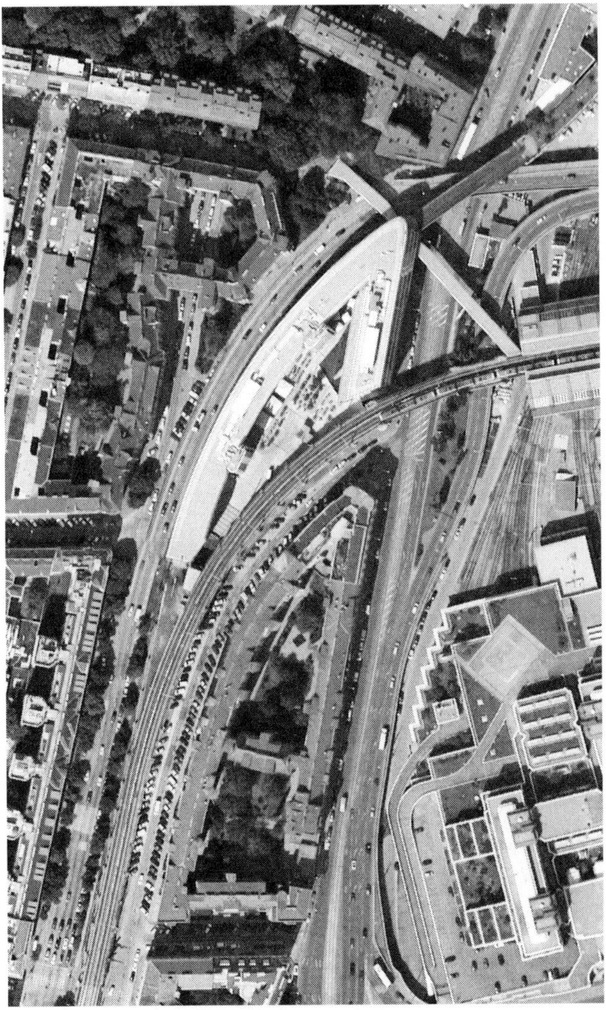

Schienen bis zur Raucherterrasse: „Skyline" statt Stadtbahn

tenzielles Bauland? In der Gegend Praterstern, am Gelände des ehemaligen Nordwestbahnhofs, entsteht bis 2025 ein komplett neuer Stadtteil. Die Fläche des Westbahnhofs wird ebenfalls be- und überbaut. Und demnächst fertiggestellt wird die Neugestaltung des Geländes der ehemaligen Aspangbahn, die sogenannten Aspanggründe, zwischen Rennweg, Gürtel und Fasangasse. Eine neue Wohn- und Bürogegend mit einer Vielzahl neuer Straßen. Die Straßen werden gerade in der Tradition der einheitlich benannten Viertel (siehe „Kurioses Wien", Kapitel „Von der Falcogasse und anderen") zum Teil in der NS-Zeit deportierten Wienern gewidmet. Eingedenk der Tatsache, dass hier 50.000 Wiener Juden in 47 Zügen in Sammel- und Vernichtungslager transportiert wurden. Es finden sich auch Gedenkstätten sowie der von den Landstraßer Grünen gerettete „Baum der Tränen", an dem sich angeblich damals mehrere jüdische Familien vor ihrer Deportation voneinander verabschiedet haben. Ein weiterer Teil der Verkehrsflächen des auch „Euro-Gate" genannten Geländes, auf dem unter anderem das größte Passivhaus Europas entsteht, widmet sich – ebenfalls mehrheitlich jüdischen-österreichischen – Filmschaffenden: von Billy-Wilder-Straße und Otto-Preminger-Straße über Fred-Zinnemann-Platz bis Maximilian-Schell-Straße.

Doch zurück zum Döblinger Gürtel. Die paar restlichen Geleise bei der Spittelau führen zwar theoretisch noch zu den ehemaligen Anschlussstellen zu den heutigen Gleiskörpern, allerdings sind die Verbindungen längst gekappt.

Eine – wie im Titel suggerierte – irrtümliche Kollision einer U-Bahn mit dem Gebäude auf der Gürteltrasse ist daher in Wirklichkeit auszuschließen. Und wäre maximal Stoff für einen österreichischen Blockbuster-Actionfilm. Wenn es denn so etwas gäbe ...

Kleines Benennungs-PS noch: die U6 führt von hier aus heute ja weiter über die Donau nach Floridsdorf. Die dort befindliche U-Bahn-Brücke und der Steg an seiner Seite, der besonders während des Donauinselfestes sehr viel benutzt wird, trägt seit 2009 den Namen einer 2007 verstorbenen Austropop-Legende und heißt jetzt „Georg-Danzer-Steg".

Schilda ist überall

Schilder und Tafeln jeder Art finden sich in Städten in großer Häufigkeit an sämtlichen Hauswänden. Abgesehen von Üblichem wie Straßenschildern, Hausnummern, Geschäftsschildern und Werbetafeln fallen hier allgemein hauptsächlich Graffiti oder „Tags“ auf, die sich nicht so vandalisch wie in anderen Ländern aber doch auch gehäuft an Wiener Hauswänden und Mauern finden.

Was Graffiti ist und wo sie herkommen, muss an dieser Stelle nicht weiter erläutert werden. Eine der ersten dieser modernen Wandgemälde überhaupt in Wien, eine eher bemüht als gekonnt hingesprayte Comic-Version der Freiheitsstatue, habe ich ca. 1983 selbst bei der Fischerstiege im 1. Bezirk entdeckt, fotografiert und in der damaligen Jugendbeilage des Kurier namens „Top“ darüber berichtet. Eine frühe Grundlage meines späteren journalistischen und schreiberischen Werdegangs. Allerdings sollte man hier noch einmal (wie im „Furiosen Wien“ im Kapitel „Wien am Sand“ über den Donaukanal) darauf hinweisen, dass die Stadt Wien von Anfang an sehr geschickt mit diesem Phänomen umgegangen ist. So wurden schon in den achtziger Jahren Stellen geschaffen, an denen Graffitikünstler ihre Werke legal an die Wand pinseln, das heißt, eigentlich sprayen durften. Auch die gerade zitierte Freiheitsstatue (mit Joint, wenn ich mich richtig erinnere) war – obwohl mitten in der Innenstadt an ein Haus gemalt – noch gut acht Jahre später zu sehen. Der Vandalismus durch Graffiti hält sich in Wien wohl auch gerade durch diese tolerante Einstellung – und eine im Vergleich zu anderen Großstädten recht gemäßigte und friedliche Jugend – in engen Grenzen. Etwas häufiger und auch lästiger sind da einfach aufgrund ihrer schieren Masse die historisch eigentlich älteren sogenannten Tags, bei denen Einzelpersonen oder Mitglieder von Gangs versuchen, sich durch ihr individuelles Zeichen an möglichst vielen Stellen einer Stadt zu verewigen. Gerade diese Art der Verbreitung von Botschaften wird aber auch alternativ von Künstlern und politischen Aktivisten genutzt. Diese halten meist vorgefertigte Schablonen an Hauswände und besprayen die Lücken, um so schnell und meist unbemerkt ihre eigentlich illegalen Botschaften oder Bilder zu hinterlassen. Das nennt man dann Schablonen-Graffiti, Street-Art, Pochoir oder Stencil. Mehr dazu auch in den Publikationen des „Wiener Graffiti-Archivs/Graffiti Dokumentation Europa", des ersten und umfassendsten internationalen Dokumentationszentrums für Graffiti. Tja, unglaubliches Wien eben.

Ein klassisches, vermutlich sogar auf die Antike zurückgehendes Beispiel von Markierungen an Häusern sind die bekannten Gaunerzinken oder auch Bettlerzinken. Diese in Europa spätestens seit dem Mittelalter mit Kreide und Rötel geschriebenen oder eingeritzten Zeichen (Zinke kommt vermutlich von Lateinisch signum = Zeichen oder aber vom althochdeutschen zinko = Zacke, Spitze) werden an unauffälliger Stelle bei Hauseingängen angebracht und enthalten für Diebe und Bettler wichtige Hinweise. So können bestimmte Zinken etwa vor einem Hund warnen, andere weisen darauf hin, dass man als Bettler Almosen erhält, wenn man sich als fromm ausgibt. Diese Zinken werden auch heute noch verwendet, laut einem ORF-Bericht von 2009 sogar gehäuft, und so finden sie sich recht oft an Wiener Hauseingängen oder an Gartentoren. Bei größeren Wohnhäusern sind sie heute meist neben den Bewohnernamen der Gegensprechanlagen oder auf den metallenen Türchen der Postkästen eingeritzt.

Kleiner Einschub: Wer glaubt, dass mit Gegensprechanlagen „gesicherte" Haustore vor unbefugtem Eindringen schützen, ist vielleicht selig, irrt aber. Denn auf jeder Gegensprechanlagentafel befindet sich auch ein Schlüsselloch. Und da passt ein Generalschlüssel hinein, der via automatischem Türöffner jede Tür Wiens öffnet. An sich für Briefträger (die ja nicht Dutzende Haustorschlüssel bei sich tragen können) und andere offizielle Nutzer gedacht, haben sich diese Schlüssel in den letzten Jahren, nun, verbreitet. Etwa unter Prospektverteilern, die sich früher oft mühsam durch die Anlage klingeln mussten, bevor ihnen Einlass gewährt wurde. Heute sperren sie sich meist selbst auf. Und nicht nur die ... Übrigens, um den Paranoikern unter meinen Lesern weiteres Futter zu geben: Natürlich gibt es auch einen Generalpostschlüssel für alle (alten) Hausbriefkästen.

Doch zurück zum Thema. Eine weitere Form der Markierung hat stellenweise die Zeit seit dem Zweiten Weltkrieg ganz gut überstanden. Es finden sich in Wien nämlich sowohl noch zahlreiche Wandbeschriftungen, die entweder den Weg zum nächstgelegenen Luftschutzkeller weisen (MD steht hier für „Mauerdurchbruch", der Schriftzug LSB für „Luftschutzbunker" wurde später auch ironisch als „Lern besser Russisch" umgedeutet ...); andererseits gibt es auch noch kyrillische Beschriftungen, die von russischen Pionieren stammen und das jeweilige Haus in den meisten Fällen als minenfrei oder entmint kategorisieren. Kürzlich erst ist ein Buch erschienen („Die letzten Spuren des Krieges" von Robert Bouchal und Marcello la Speranza), das diese erstaunlich zahlreichen muralen Zeitzeugen in Wien dokumentiert.

Alle diese Zeichen, mit der naturgemäßen Ausnahme der Gaunerzinken, haben eine gewisse Auffälligkeit und werden auch von Passanten meist deutlich wahrgenommen. Eine andere Art von Zeichen – wir kommen nun zu einem kleinen Rätsel für interessierte Leser –, das sich sogar auf fast jeder Wiener Hauswand findet, bleibt dagegen meist, außer man ist einschlägig interessiert, unbemerkt. Vermutlich liegt es daran, dass diese kleinen Schilder eben fast immer und fast überall zu sehen sind. Sich das Auge also vom Kleinkindalter an an diese Bilder gewöhnt hat und sie somit nicht mehr wahrnimmt. Oder aber man hat sie sehr wohl einmal wahrgenommen, dann aber für nicht weiter bedeutend befunden, und in weiterer Folge ignoriert. Damit fallen sie wohl unter denselben Effekt, den der satirische Science-

Fiction Schriftsteller Douglas Adams in seinem Buch „Das Leben, das Universum und der ganze Rest" so wunderbar beschrieben hat, nämlich das PAL-Feld. Wird dieses „Problem anderer Leute-Feld" im Original „SEP/Somebody Else's Problem field" aktiviert, nehmen etwa die Zuseher eines Kricketspiels das auf dem Feld gelandete UFO nicht wahr, da sie automatisch davon ausgehen, dass sich sicher jemand anderes darum zu kümmern hätte und es einfach nicht ihr Problem sei. Diese auch real existierende psychologische Funktion des Gehirns betrifft offenbar auch jene bunten Hinweistafeln, um die es hier eigentlich geht und die in Wien überall und immer anzutreffen sind. Sowohl was deren Wahrnehmung betrifft als auch tatsächlich von deren Interpretation ausgehend. (Soll heißen, die meisten Menschen gehen Sie auch tatsächlich nichts an.)

Diese Tafeln gibt es natürlich nicht nur in Wien. Da es sich um wichtige Zeichen der kommunalen Verwaltung handelt, finden sich diese Symbole und Hinweistafeln in ganz Österreich, in ganz Europa und in Variationen auf der ganzen Welt. Was nichts daran ändert, dass sie eben auch in Wien, PAL-Feld sei Dank, quasi unsichtbar, fast an jeder Hauswand anzutreffen sind. Grund genug für mich, sie in dieses Buch aufzunehmen.

Um das Rätsel endlich zu lösen, es handelt sich um kleine, rechteckige blaue, gelbe, rote und andersfarbige Plastiktafeln, auf denen sich für den Kundigen Hinweise befinden, was sich so unter den Straßen Wiens verbirgt. Nämlich Wasserrohre, Gasrohre usw.

Für die Feuerwehr und andere Einsatztruppen ist es nämlich sehr wichtig zu wissen, wo sich wesentliche Leitungen, deren Knotenpunkte und etwaige Sperrmöglichkeiten, sogenannte Schieber oder Absperrschieber, unter der Erde befinden. Im Notfall hat man kaum Zeit, mühsam danach zu suchen oder den Einsatzort mit Karten zu vergleichen. Daher genügt dem geschulten Auge ein Blick auf die kleinen Schilder an den Hauswänden, um festzustellen, wo die nächste Sperrmöglichkeit für die betroffene Leitung zu finden ist. Auf diesen Tafeln wird dem wissenden Betrachter in knapper Form durch Abkürzungen und Symbole mitgeteilt, um welche Art von Leitungen, um welche Art von Knotenpunkt und so weiter es sich handelt – und vor allem, wo der Zugang dazu zu finden ist.

Da man die Schilder aber sehr selten an der Stelle montieren kann, an denen sich der Zugang oder Sperrhahn tatsächlich befindet (nämlich oft mitten auf der Fahrbahn), oder auch die Öffnung eventuell von einem parkenden Auto verdeckt werden kann, ist jedes dieser Schilder, wenn man so will, eine Art Schatzkarte im Miniformat. Das heißt, der Zugang ist nicht dort, wo die Tafel ist, sondern die Tafel beschreibt nur den Weg dorthin! Ein weiterer Grund für die oft beträchtliche Entfernung zum Zugang ist, dass man ja auch nicht immer direkt davor einen Platz an der Hauswand für eine Hinweistafel zur Verfügung hat. Etwa weil sich genau dort ein Fenster, eine Tür oder ein Schaufenster befindet.

Daher beschreiben diese Tafeln auf sehr simple Weise, wohin sich der Befugte zu wenden hat. Im Wesentlichen sagt ein minimalistischer Lageplan, der einen T ähnelt, zum Beispiel: „Wenn du 3,5 m von hier nach links gehst, dich um 90° nach links drehst und zweieinhalb Meter mit der Hauswand im Rücken auf der Straße trittst, findest du den Schatz." Pardon, den Zugangspunkt.

Kennt man nun einmal die Funktion dieser Tafeln, weiß sie zu lesen und nimmt sie aufgrund erhöhter Aufmerksamkeit (aufgrund der Lektüre diese Kapitels) auch wahr, kann man sich gelegentlich den Spaß machen, bei der nächsten blauen oder gelben Tafel die entsprechende Anzahl von Metern nach links oder rechts zu gehen und nach dem im Boden eingelassenen Zugang zu suchen. Was auch gleich ein zusätzliches, naja, Rätsel der Straßen Wiens löst. Denn insbesondere Scooter- und Rollschuh-Fahrer, aber auch aufmerksame Fußgänger bemerken auf einer durchschnittlichen Strecke Dutzende kleine im Boden eingelassene Metalldeckel. Erstere vor allem aufgrund deren Hürdencharakters. Teilweise sind Metalleinlassungen verständlich beschriftet, teilweise kryptisch, teilweise auch gar nicht. Und diese Deckel sind nun eben die gesuchten Zugänge zu wichtigen Anschlussstellen und Sperrhähnen für die verschiedensten Leitungen. Um welche es sich jeweils genau handelt, steht aber in den meisten Fällen nicht am Boden, sondern an einer nahe gelegenen Hauswand. Dort verraten die Schilder nicht nur durch ihre Farbe die Art des Anschlusses, also Wasser, Strom, Fernwärme, Abfluss, sondern auch weitere Details. Die für Laien allerdings kaum von Bedeutung sind. Um deutlich zu illustrie-

Mini-Schatzkarten an allen Wänden: noch 5,5 Meter bis zur Stelle X!

ren *wie* bedeutungslos, hier ein paar Abkürzungen, die sich auf den Gas-Hinweistafeln befinden.

AH = Absperrhahn, AS = Abzweigschieber, DM = Druckmessstelle, KH = Kugelhahn, MK = Messstelle für Korrosionsschutz, MM = Molchmelder, R = Riechrohr, S = Schieber, SH = Sektionshahn, SR = Saugrohr, M = Marker, WT = Wassertopf.

Na, persönliches PAL-Feld bereits wieder aktiv? Wenn Sie jetzt also nicht sofort wissen, wobei es sich um einen Molchmelder handelt, können Sie getrost davon ausgehen, dass sie das auch nicht zu wissen brauchen. Aber wie gesagt, achten Sie einmal auf einem Ihnen wohlbekannten, vielleicht täglichen Weg auf die vielen bunten Täfelchen, die sie auf Schritt und Tritt umgeben. Gelegentlich sind sie übrigens auch auf anderen frei stehenden Objekten wie Masten oder den Stangen von Verkehrsschildern montiert. Viel Spaß bei dieser Entdeckungsreise im Alltag!

Letzte Dinge

Offenbar kann man kein Wien-Buch verfassen, ohne etwas über Friedhöfe oder andere Morbiditäten zu schreiben. Diese drängen sich einfach auf, besonders wenn man im Bereich des Kuriosen fischt. Und ich meine damit nicht solche Banalitäten wie das „Wiener Bestattungsmuseum“, etwas, das ausländische Touristen und Journalisten (erst kürzlich gab es darüber einen Radiobericht in Deutschland) zwar zum Staunen bringt, Einheimischen jedoch kaum ein schwaches Schulterzucken entlockt.

Apropos kuriose Museen, origineller finde ich da als Einheimischer schon das seit Kurzem existierende Heizmuseum mit dem schönen Namen „Brennpunkt° – Museum der Heizkultur“ (man beachte das Grad-Zeichen am Ende) in Meidling. Gezeigt werden Öfen, Heizanlagen sowie die Geschichte des Heizens und Kochens. Im Museumsshop kann man dann unter anderem Tragetaschen mit der Aufschrift „Heiße Ware“ sowie T-Shirts mit den Aufdrucken „Ich bin heiß“ oder „Wärmetauscher“ erwerben. Originell auch die Öffnungszeiten. Das Museum ist nur in der kühlen Jahreszeit, von Oktober bis Mai, geöffnet ...

Doch zurück zu morbider orientierten Kuriosa. Jagden am Zentralfriedhof, Seebestattung in der Donau, alte jüdische Friedhöfe in osmanischem Stil, Urnenbegräbnisse in einer Burgmauer, eine Rohrpostanlage für Särge oder die Tatsache, dass das neue Haupthaus der Bestattung Wien auch durch die Abwärme des Krematoriums beheizt und mit Strom versorgt wird ... die morbid-kuriosen Wien-Themen (alle genannten finden sich in meinen zwei vorhergehenden Wien-Büchern) gehen einem in dieser Stadt nicht aus. Und so auch diesmal. Zu berichten ist einerseits Tierisches, andererseits Ökologisches.

Was das Erstere betrifft, ist es eigentlich unglaublich, dass es so etwas nicht schon viel länger in Wien gibt: nämlich einen Tierfriedhof. Denn die Liebe der Wiener zu ihren Wauzis (besonders) und Mauzis und Burlis (meist gefiedert) ist geradezu legendär. Trotzdem dauerte die Liebe, zumindest was die Körper der Tiere betraf, meist nur bis zu deren Ableben. Vereinzelt ließ ein Hinterbliebener seine Mausi zwar ausstopfen, die meisten fanden und finden jedoch nichts dabei, wenn ihre Lieblinge nach deren Lebenszeit der Tierkörperverwertung übergeben werden. Die dann Dinge mit ihnen tun, die ich hier lieber nicht im Detail beschreiben möchte. Zwar drückte und drückt so mancher Tierarzt sogar im Einschläferungsfall die Augen zu und der tote Hausgenosse wurde anschließend wild etwa an einem Waldrand oder im eigenen (Schreber-)Garten illegal beigesetzt; oder die Hansis, Bellos und Murlis wurden – legal – außerhalb der Stadtgrenzen von Wien in einigen privaten Tierfriedhöfen beigesetzt; einen eigenen Tierfriedhof, obwohl in anderen Metropolen wie Paris oder New York schon lange üblich, gab es in Wien nicht.

Bis jetzt. Ein kleines Areal in Simmering, eingebettet zwischen Urnenhain und der bereits genannten Bestattungszentrale sowie gleich gegenüber vom Haupttor des Zentralfriedhofs, bietet nun auch innerhalb der Grenzen der schönen Wienerstadt ein tierisches Rundumservice post mortem. Von Abholung bis Aufbahrung, von Kremierung und eigens gestalteten Tierurnen (die man gesehen haben muss, um sie zu glauben) über einfache Bestattung bis hin zum Grabstein oder Grabstätten mit aufwendigen Skulpturen bietet der „tfw“ (Tierfriedhof Wien) alles Erdenkliche für die letzte Ruhe der und Erinnerung an die verblichenen Lieblinge. Ab 169,- Euro.

Näher Interessierten, für den tatsächlichen Eigenbedarf oder nur aus Neugier an diesem Pietät-Kitsch-Grenzfall, empfehle ich die Website der Institution: www.tfwien.at

Der zweite Friedhof, über den es hier zu berichten gilt, hat ebenfalls mit Tieren zu tun. Allerdings mit lebendigen. Und wie gesagt, es geht um Ökologie. Denn der Friedhof Neustift am Walde, bekannt durch seine schöne Lage und einige dort bestattete Prominente, wie Willy Forst oder Boy Gobert, wurde 2010 in Zusammenarbeit mit der MA 22 (Wiener Umweltschutzabteilung) zum „Ersten Wiener Umweltfriedhof“ umgestaltet. „Wo Tiere über Leichen gehen“ titelte dazu geschmacklich treffsicher die Online-Plattform vienna.at.

Nun sind Tiere auf den Friedhöfen ja nichts Besonderes. Von frechen, die Besucher anbettelnden Eichhörnchen bis zu grabschmuckknabberndem Wild, gegen das etwa die Simmeringer Jagdgesellschaft am Zentralfriedhof einmal im Jahr zum Halili bläst, kommt alles vor.

In Neustift geht es aber nicht um mehr oder weniger geduldete Mitbewohner der einschlägigen Sarg-WG, sondern vielmehr um das Anlocken von vorwiegend seltenen Tierarten und dem Schaffen beziehungsweise zur Verfügungstellen von Rückzugsräumen. Feuersalamandern, Springfröschen, Fledermäusen, Blindschleichen und anderen Tieren wurden dazu sieben spezielle Areale zur Verfügung gestellt, mit Info-Tafeln für neugierige Besucher. Es wurden Nistkästen (für Singvögel und Fledermäuse) errichtet, Biotope geschaffen sowie eine große Blumenwiese angelegt, die – schmetterlingsfreundlich – besonders spät gemäht wird.

Einen Folder über dieses Projekt gibt's beim Pförtner, man kann sich die Informationen aber auch auf der Website der Wiener Friedhöfe herunterladen. Und natürlich finden auch Führungen durch das Areal des belebten Friedhofs statt.

Seltsame Nummern

Haben Sie schon einmal in Österreich einen Brief an die Wiener Postleitzahl 1400 oder 1004 geschickt? Nein? Könnten Sie aber, obwohl es weder einen 40. noch 0. Bezirk gibt. Denn die wunderbare Welt der Postleitzahlen birgt so manches Geheimnis.

Die 23 Hauptpostleitzahlen Wiens hat ja so ziemlich jeder Wiener parat und im Kopf abgespeichert. Sie sind ja auch eher einfach aufgebaut: 1 (Leitzone, also Wien) plus zweistelliger Bezirksnummer plus Null (für das Zustellgebiet bzw. Hauptpostamt des Bezirks). Also: 5. Bezirk = 1050, 19. Bezirk = 1190.

Anders übrigens als im Rest von Österreich, hier gilt nämlich: erste Stelle = Leitzone, Region; zweite Stelle = Leitgebiet; dritte Stelle = Leitstrecke, also die Strecke, die das Poststück bei der Weiterleitung auf Schiene oder Straße nimmt; und schließlich vierte Stelle = Leitort, soll heißen: das konkrete Postamt. Ausnahmen, etwa bei Orten in der Nähe von Bundesländergrenzen, seien hier jetzt vernachlässigt. Außerdem gibt es vier österreichische Orte, die zusätzlich zu ihrer vierstelligen österreichischen Postleitzahl auch noch eine fünfstellige deutsche besitzen! Nur eine der Seltsamkeiten rund um die beiden Zollausschlussgebiete Kleinwalsertal (Vorarlberg) und Jungholz (Tirol) ...

Doch wir schalten zurück in die Bundeshauptstadt. Hier gibt es nämlich für Wien noch einige Postleitzahlen mehr als nur die 23 üblichen. Nämlich etwa 190 an der Zahl. Einige sind auch dem Laien durchaus bekannt. Etwa wenn, im einfachsten Fall, die letzte Stelle einen anderen Zahlenwert als Null aufweist. In fast allen Fällen steht diese Nummer für ein weiteres Postamt im Bezirk, denn in den meisten gibt es ja (noch!) mehr als eines. Für die Adressierung eines Briefes ist das aber irrelevant, da gilt die Zahl mit dem Nuller am Schluss als korrekte Adressierung für das ganze Verteilungsgebiet. Nur bei Abholungen von Paketen oder eingeschriebenen Sendungen kann das Beachten der letzen Stelle (sowie der ebenfalls aufgedruckten Adressen natürlich) unnötige Kilometer ersparen. Ausnahme für die Zustellung: Postfächer in den Filialen können mit diesen nicht auf 0 endenden Postleitzahlen direkt angeschrieben werden. In manchen Fällen handelt es sich auch genau genommen nicht (mehr) um ein Postamt sondern um eine „Postbox", also ein Postamtssubstitut mit eingeschränktem Leistungsangebot.

Darüber hinaus gibt es noch einige besondere und sonderbare Postleitzahlen, die mit 1 beginnen, aber bei den mittleren zwei Stellen den Wert 00 oder aber einen (teilweise weit) über 23 aufweisen. Diese haben zwar nicht immer eine regionale Bedeutung, da 1 nun aber einmal für die Leitzone Wien steht, behandeln wir sie der Einfachheit halber als Wiener Postleitzahlen. Sonst hätte dieses Kapitel im vorliegenden Buch auch nur eine Teilexistenzberechtigung.

ORF, 1136 Wien – die bekannteste ungewöhnliche Postleitzahl Wiens

Eine dieser Sondernummern kennen immerhin einige Leute: 1300 ist die Postleitzahl des Flughafens Schwechat, obwohl dieser in Niederösterreich liegt. Und nicht der 30. Bezirk von Wien ist. Auch nicht zu Zeiten von Groß-Wien (siehe Kapitel „Die 26 Bezirke von Wien"). Ebenso wenig wie der Sitz der Vereinten Nationen im 40. Bezirk liegt, obwohl die UNO-City die Postleitzahl 1400 besitzt. Auch das um die Ecke gelegene Austria Center hatte bis ins Jahr 2011 eine eigene verwandet PLZ, nämlich 1450.

Eine Anmerkung, bevor wie ins Detail gehen: viele dieser Nummern sind im Fluss und werden den aktuellen Gegebenheiten angepasst, verändert oder neu vergeben. Für einen aktuellen akkuraten Stand kann keine Garantie übernommen werden. Nur fürs Prinzip. Also dann.

Einige der letzten Zahlenstellen fast jedes Bezirks sind an Großkunden oder, wie es auch heißt, „Interessenten" vergeben oder für diese reserviert. Quasi selbsterklärend: Wer so eine Nummer als Adresse hat, der erhält automatisch jedes Poststück, das mit dieser PLZ adressiert ist, egal ob davor noch eine Adresse vermerkt ist oder nicht.

Eine dieser Sondernummern ist fast jedem Österreicher bekannt: 1136 Wien ist kein Postamt, sondern das ORF-Zentrum am Küniglberg, was praktisch jeder (über 35-Jährige) seit seiner ersten Karte an die Kasperlpost weiß. Weitere wären etwa das Parlament, das man unter 1017 erreicht. Oder 1029 (mehrere Versicherungen im 2. Bezirk), 1038 (Casinos Austria & Lotterien), 1039, 1045 (Wirtschaftskammer und Innungen), 1063 (ehemals: Verband Österreichischer Philatelistenvereine[!]) und 1148. Einige „Interessenten"-Nummern sind etwas auffälliger, so findet sich hier eine Postleitzahl 1004 (A1-Telekom), 1600 und 1810 (das Twin Tower-Bürozentrum). Freilich gibt es derartige Nummern auch außerhalb von Wien. Die Grazer Postleitzahl 8012 etwa „gehört" dem Neckermann-Versand.

Während die „Interessenten-PLZ" dem Empfang dienen, gibt es auch noch deren Gegenteil – die HAPO-PLZ. Hier handelt es sich um sogenannte Hauspostämter, die direkt in den Räumlichkeiten von Großkunden untergebracht sind, die vor allem Massensendungen durchführen. Es wird zwischen „HAPO Infomail" („Hauspostamt bei Großkunden zur Abfertigung von Info.Mail und Info.Post") und „HAPO KEP" („Hauspostamt bei Großkunden zur Abfertigung von Paketen") unterschieden. In Wien gibt es etwa die HAPO-PLZ 1821 und 1822.

Einige Postleitzahlen sind für interne Postbelange reserviert. So haben etwa die Verteilerzentren der Post eigene Leitzahlen. Das Hauptverteilzentrum für Briefe in Wien trägt, wenig überraschend, die Zahl 1000. Das Verteilzentrum in Wien-Inzersdorf die Nummer 1005. Früher gehörte diese Nummer dem „Verteilzentrum KEP", wobei KEP für „Kurier, Express und Paketdienste" steht. Diese beiden und die meisten weiteren hier aufgeführten sind übrigens interne Postleitzahlen, die normalerweise nicht auf Briefen stehen (dürfen). Wie auch die PLZ 1007, die für das SCM („Service Center Material") der Post steht. Für das EMS-Service gibt es die Nummern 1703, 1710 und 1721 (Zustellung) sowie 1704 (Tracking und Tracing). Weiter KEP-PLZ wären 1723, 1724, 1725, 1726, 1727 und 1728.

Eine der niedersten, 1009, und die höchste PLZ, 1823 stehen für interne Postfächer.

Die Zielgebiete einiger weiterer „Wiener" Postleitzahlen liegen, wie eben der Flughafen Schwechat, nicht nur nicht in Wien, sondern gar nicht in Österreich. Manchmal sogar nicht einmal in Europa. So etwa die 1500er-Nummern. Die stehen nämlich für die „österreichische Feldpost". Im Sinne der Neutralität aktuell natürlich nur für UNO-Einsätze. Etwa 1500 für die UNDOF AUSBATT („United Nations Disengagement Observer Force – Austrian Battalion" auf den Golan-Höhen), 1502 für AUCON EUFOR („Austrian Contingent / European Union Force") und 1503 für AUCON (andere UNO-Einsätze).

Etwas weniger martialisch meine zwei letzten Zahlen im Talon. Die PLZ 1350 wird für die „Erfassung von Rückläufern im Auftrag von Massenversendern" benötigt. Mein absoluter Liebling aber ist die Nummer 1008. Diese ist der virtuelle (und auch praktische) Aktenvernichter beziehungsweise Reißwolf der Post. Sendungen mit dem Vermerk „Retouren an Postfach 555, 1008 Wien" werden bei Rücksendung im nächsten Verteilerzentrum ausgeschieden und vernichtet. Praktisch.

Übrigens: die Postleitzahlen wurden (wie auch passenderweise der Rechtsverkehr) in Österreich zur Zeit des 12 Jahre (in Österreich 7 Jahre) dauernden „Tausendjährigen Reichs“ eingeführt. 1941 für Pakete, ab 1944 auch für Briefe. Wien hatte dabei die „reichsdeutsche Postleitzahl 12a“. Wobei das ganze Gebiet der „Ostmark“ nur zwei Postleitzahlen besaß: 12a für „Alpen- und Donau-Reichsgau Ost“ (Gau Wien, Gau Niederdonau, Gau Steiermark) sowie 12b für „Alpen- und Donau-Reichsgau West“ (Gau Kärnten, Gau Oberdonau, Gau Salzburg, Gau Tirol-Vorarlberg).

Auf den Hund gekommen

Der Wiener und der Hund – ein scheinbar ewiges Thema. (Noch „ewiger“ freilich ist das Thema „Der Wiener und die Hundstrümmerl“, aber dazu später.) Ob in den urzeitlichen Funden der ersten Behausungen in und um Wien auch Spuren von Hundehaltungen zu erkennen waren, entzieht sich meiner Kenntnis. Anzunehmen ist es jedoch, da die Wissenschaft die Domestizierung des Wolfes zum Hund bereits vor 15.000 Jahren ansetzt. Oder vor 135.000 Jahren. Ich liebe Wissenschaft.

Auch über das Lagerleben der Römer in Bezug auf Hunde ist mir nichts Genaueres bekannt. Da die Römer aber die ersten waren, die Hunderassen züchteten und für spezifische Zwecke einsetzten, werden sich wohl auch in Vindobona einige *canes* herumgetrieben haben.

Dass Hunde im Mittelalter in Wien lebten, ist schon allein deswegen sicher, weil sie neben den üblichen Funktionen wie Wachhund oder Hütehund auch zur, wie es in der Forschung heißt, „Rohstoffgewinnung“ herangezogen wurden. Übrigens auch Katzen. Aus beiden wurde Leder gegerbt, Pelze hergestellt, aber auch Knochen, Fleisch, Fett, Innereien und Kot(!) für diverse Zwecke verarbeitet. Man weiß auch, dass streunende Hunde in den folgenden Jahrhunderten bei Verdacht auf Tollwut sofort getötet wurden, andere eingefangene nach Ablauf einer Frist ebenfalls. Neben verschiedenen anderen Gründen wie Sicherheit und Ordnung schon damals aufgrund des Problems mit den Fäkalien.

Spätestens im 18. Jahrhundert wurden dann sogenannte Hetztheater Mode, in denen extra dafür vorgesehene aber auch eigene mitgebrachte Hunde gegeneinander oder auf andere Tiere wie Hirsche, Bären, Wölfe, Ochsen gehetzt wurden. Von einem dieser Standorte zeugt der Name Hetzgasse im 3. Bezirk. Sowie generell die guade, oide, liabe Weanaspråch, die heute noch von einer „Hetz" spricht, wenn es um eine Belustigung geht. Allerdings heute in weitaus selteneren Fällen um einen solche, bei der jemand oder etwas zu Tode gehetzt wird. Übrigens sind derartige Grausamkeiten noch immer explizit gesetzlich verboten, darunter die „Organisation oder Durchführung von Tierkämpfen" sowie die „Veranstaltung von Hunderennen auf Asphalt oder anderen harten Bodenbelägen".

Ironischerweise führten gerade aber diese Stätten des Grauens in den Zeiten der Aufklärung zu einem Umdenken und, Mitte des 19. Jahrhunderts, in direkter Folge zur Gründung von Tierschutzvereinen und Tierschutzhäusern für streunende oder herrenlose Hunde und Katzen.

Der erste war der heute noch bestehende „Wiener Tierschutzverein", laut Eigendefinition „die Stimme der Tiere seit 1846". Zur Gründungszeit hieß er zwar noch „Niederösterreichischer Verein gegen Misshandlung der Tiere in Wien", was insofern witzig ist, als sich das Haupthaus des *Wiener* Tierschutzvereins seit seinem Umzug aktuell tatsächlich in Niederösterreich (Triesterstraße 8, 2331 Vösendorf) befindet. Prominenter Mitbegründer des WTV war der (Hof-)Dichter und Literat Ignaz Castelli, auf dessen Grab heute etwas zu lesen ist, das mit Tieren zwar rein gar nichts zu tun hat, das ich dem geneigten Leser aber dennoch nicht unterschlagen möchte: „Hier liegt der Epigrammenschreiber/Der über Ärzt' und über Weiber/Im Leben immer losgezogen/Sie rächen sich an ihm darum:/ Sein Weib hat ihn betrogen,/Sein Doktor bracht' ihn um." Schwacher Trost: immerhin ist die Castelligasse im 5. Bezirk nach ihm benannt.

Die grausamen Zeiten für Hunde sind also lange vorbei. Wird nunmehr irgendwo ein Streuner aufgefunden, nimmt sich das Wiener Tierschutzhaus diesem gerne liebevoll an. Abgesehen davon, dass in diesem, seitdem die Grünpolitikerin Madeleine Petrovic die Präsidentin des Tierschutzvereins ist, versucht wird, die fleischfressenden Untermieter zu Vegetariern umzupolen. Stichwort Tofu. So von ihr zu Protokoll gegeben anlässlich einer Audienz bei Ihrer Majestät Robert Heinrich I. in der TV-Sendung „Wir sind Kaiser".

Natürlich gab es neben Straßenkötern auch schon immer die Haltung edler Hunde durch Adelige und reiche Bürger. Die verschiedenen Kaiser in Österreichs Geschichte hielten etwa eine ganze Reihe von kaiserlichen Jagdhunden, für die sogar eigene Gebäude, die sogenannten Rüdenhäuser, errichtet wurden. Zeit noch einen Straßennamen einzubringen: in der Rüdengassen (3. Bezirk) stand früher der Rüdenhof, eine große Meierei und Startpunkt vieler Hofjagden schon zur Zeit der Babenberger und frühen Habsburger. Zur Zeit von Kaiser Maximilian I. sollen hier etwa 400 Jagdhunde gehalten worden sein. In solchen Rüdenhäusern logierten aber nur die Nobelesten unter den kaiserlichen Hunden. Die anderen wurden in der jagdfreien Zeit ausgewählten Untertanen zur von der Obrigkeit verordneten Pflege, der sogenannten „Hundelege", übergeben.

Einen Aufschwung des Hundes als in der Bevölkerung weit verbreitetes Haus- und Schoßtier brachte dann die Zeit der industriellen Revolution. Vor allem die aus dem Land in die Stadt zuwandernden Menschen (be)nutzten Tiere als Naturersatz, zum Trost in tristen Verhältnissen und – leider – oft auch zum Aggressionsabbau.

Sonst aber scheint das Zusammenleben des Wieners mit seinem Hund ein durchaus beglückendes und harmonisches. Jedenfalls für diejenigen Wiener, die einen Hund besitzen, oder, wie es immer noch so schön auf Amtsdeutsch heißt, halten. Aktuell pendelt der Wert um die 50.000, bei etwa 1,7 Millionen Einwohnern. Gar nicht so viel, wenn man bedenkt, dass die Zahl der Hunde, gehaltene wie streunende, 1815 nach Polizeischätzungen bei etwa 30.000 lag – und das bei damals gerade 240.000 Einwohnern.

Die liebevolle Hinwendung des Wieners zu seinem Hund hat unter anderem der grandiose Wiener Kabarettist Georg Kreisler in seinem Lied „Der Hund" beschrieben, wenn es in diesem auch eigentlich eher um Politi-

Pro-Hund vs. Anti-Hund: Wiener Bürgerkrieg auf höchstem – und tiefstem - Niveau

sches beziehungsweise um unpolitische Mitbürger geht. Aus diesem Chanson stammt jedenfalls auch der wunderbare Vers: „Wenn Russland und China zusammen marschieren – kann Österreich kapitulieren". Und die im Weiteren geäußerte Sorge des Hundebesitzers: „Wenn dann ein Russe neb'm ihm sitzt, der auf das Hundefutter spitzt, und es ihm wegnimmt und es frisst, dann wird mein Hund kein Kommunist!" Eine neue Generation von kabarettistischen Sängern, ein Duo namens Zwa Voitrottln, besang 2012 eine weitere Variante der Liebe zum Hund in ihrem Lied „Im Johanna-Dohnal-Park". Über dessen genaueren Inhalt zu berichten mir hier aber die Dezenz verbietet.

Doch zurück zum Seriösen. Der Wiener liebt den Hund. Wenn er einen hat, einmal einen hatte oder sonst wie mit Hunden sympathisiert. Diejenigen, die in keine der genannten Kategorien fallen jedoch, gehören wiederum zu den erbittertsten Hundegegnern, die man auf der weiten Welt nur finden kann. Von frei laufenden Wauzis, zumal in Parkanlagen und auf Kinderspielplätzen, über zubeißende Kampfhunde bis zu deren periodisch zum Staatsthema werdenden Auswürfen reichen die Anwürfe. Die Rede ist hier von etwa 10 Tonnen Hundekot täglich, die auch bei Umfragen unter Bürgern der Stadt immer wieder als „Problem Nummer eins" genannt werden. Nun sind stinkende Haufen als Geruchsbelästigung im Sommer und Massen von tiefgefrorenen und sodann vom Eis befreiten Würsteln optisch im Frühling sicherlich nicht angenehm. Aber dennoch glücklich die Stadt, die keine anderen Probleme hat.

Jedoch, es ist wie's ist: Tatsächlich können nur wenige Themen (wie etwa die unvorschriftsgemäße Entsorgung von Müll durch Nachbarn oder das Ausweiten von Parkpickerlzonen) das sonst so – vordergründig – friedvolle goldene Wiener Herz in Rage bringen, wie sich ungebührlich benehmende Vierbeiner sowie deren meist noch blöd zurückredende zweibeinige Besitzer. Oder vice versa Menschen, die militant etwas gegen Hunde haben, wenn man eben auf der anderen Seite steht.

Spaziergänger und Radfahrer auf Hundeauslaufplätzen lassen Hundebesitzer ausfallend werden, Hunde in nicht als Hundezonen gekennzeichneten Grünanlagen erregen die Gemüter der dort Wandelnden. Und beim schon erwähnten Thema Hundekot kann man zwischen Besitzern der Kotproduzenten und den sich von diesem belästigt Fühlenden von einem Konflikt von geradezu nordirischen Verhältnissen sprechen. Daran ändern auch wohlmeinende Kampagnen zur Reduzierung der hündischen Ausscheidungen – Stichwort Gackerl/Sackerl – wenig. Etwa 3,1 Tonnen davon finden mittlerweile via 47.200 Stück Hundekotsackerln täglich ordnungsgemäß ihren Weg in den Mist. Tatsächlich bietet jedoch auch die korrekte Entsorgung durch gesetzestreue Bürger mittels dieser als zusammenknotbaren Plastikhandschuhersatz gestalteten schwarzen Sackerln einen eher befremdlichen Anblick: Umstülpen, Hand rein, Kot ergreifen, wieder umstülpen,

Zwei Quadratmeter Hundeglück

zuknoten, in den Mistkübel werfen. Wer übrigens dringend einen Sackerlspender sucht: Auf dem offiziellen Online-Stadtplan der Stadt Wien (http://www.wien.gv.at/stadtplan) kann man unter dem Menüpunkt „Saubere Stadt" beim Unterpunkt „Hundekotsackerlspender" eine Box anklicken – und erhält sofort alle Orte der Spenderboxen optisch auf der Karte angezeigt!

Um die Parteien zu trennen, gibt es in Wien knapp über 100 Hundezonen, je innerstädtischer, desto mehr. Also, im 5. Bezirk gibt es elf Hundezonen, im 21. Bezirk fünf und im 22. Bezirk sogar nur vier. Man unterscheidet amtlicherseits zwischen Hundezonen mit, ohne und mit teilweiser Einzäunung sowie mit und ohne Tränke. Naturgemäß werden, wie es offiziell heißt, „Hundefreiräume" vorwiegend in den „Ungunstlagen" der Stadt und Parkanlagen errichtet.

Wo sich nicht einmal das ausgeht, wird die Stadt kreativ und ist immer wieder bestrebt, neue Wege zu gehen. Wie etwa mit der Einführung der, vereinzelt anzutreffenden, sogenannten Hundeklos. Also explizit als solche ausgewiesene Sollkackstellen. So kann man etwa am Max-Winter-Platz (2. Bezirk) lesen: „Bitte beachten Sie das generelle Hundeverbot. Hundebesitzerinnen und Hundebesitzer werden gebeten, ihren Hund ins 1. Wiener Hundeklo (Obermüllnerstraße/Molkereistraße) zu führen." Es gibt aber einige mehr davon. Sie bestehen im Wesentlichen aus einem Kiesbett für festen und einem alten Autoreifen für flüssige Ausscheidungen. Letzterer heißt sogar offiziell „Pissreifen". Mehr darüber unter anderem auch auf Wikipedia unter dem Eintrag „Hundeklo".

Eine andere wohl vorwiegend der Hygiene dienende Neugestaltung findet sich in einigen in Parks gelegenen Hundezonen, welche in den letzten Jahren eine erstaunliche Mutation durchgemacht haben. Wo früher durch Überdüngung gelb vor sich hindarbende Grasbüschel vereinzelt aus sonst toter Erde ragten, griff die zuständige Obrigkeit hart durch. Die gesamte Erde, samt Restgras und maroden Büschen, wurde entfernt, und durch eine an Tennissandplätze erinnernde rötliche Granulatmischung ersetzt. Auf dieser wächst nun kein Gras mehr. Dafür versickert, was versickern kann; harte Ausscheidungen dagegen werden von todesmutigem Bediensteten der Stadt Wien in Uniformen der Wiener Stadtgärtner regelmäßig weggekehrt, aufgeklaubt und entsorgt. Optisch kein wesentlicher Gewinn im Vergleich zu davor, praktischer wohl allemal.

Tatsächlich ist es gar nicht so leicht zu wissen, wann s'Hunderl wo was darf. So gelten zum einen *Hundeverbote*, etwa in Hundeverbotszonen, auf Spielplätzen, auf Grün- und Pflanzungsflächen in Parkanlagen, auf „für den Straßenverkehr gewidmeten Flächen", auf Friedhöfen und Markthallen und in ausgewählten Parks (Lainzer Tiergarten, Belvedere- und Burggarten, Schlosspark Schönbrunn, Laaer Wald und Steinhofgründe) und faszinierenderweise „auf dem Heldenplatz zwischen der Neuen Hofburg und den vom Burgring zum Michaelerplatz führenden Straßen"; dann gibt es Gebiete mit *Leinen- und Maulkorbzwang,* also etwa Marktgebiete und öffentliche Verkehrsmittel; weiters welche mit absolutem *Maulkorbzwang,* etwa bei Menschenansammlungen sowie für bissige Hunde an allen öffentlichen Orten; solche mit absolutem *Leinenzwang,* wie in öffentlich zugänglichen Parkanlagen, gekennzeichneten Lagerwiesen und in bestimmten Naturregionen (geschützter Landschaftsteil Wienerberg, Nationalpark Donau-Auen und Dehnerpark). Für alle anderen öffentliche Orte gilt: Leine *oder* Maulkorb. *Weder* Leine *noch* Maulkorb benötigen Hunde in Wien nur in den ausgewiesenen Hundezonen.

Um hier durchzublicken empfiehlt sich doch die Absolvierung des „Freiwilligen Hundeführerscheins", bei dem das Obengenannte und weitere Theorie abgefragt wird. Und auch eine praktische Prüfung zu absolvieren ist, bei der unter anderem das Verhalten des Hundes (und seines Besitzers) getestet wird. Etwa bei (ich zitiere) der Begegnung mit anderen Hunden, mit Joggern, mit Radfahrern bzw. Inlineskatern, mit Kinderwagen, mit Kindern, Begegnung mit Menschen mit Gehhilfen sowie beim Fahren mit öffentlichen Verkehrsmitteln, bei der Bewegung durch eine große Menschenmenge, bei der Begegnung mit Menschen ohne Ausweichmöglichkeit (z. B. Baustelle), beim Durchqueren eines Parks mit Kinder- und Ballspielplatz. Auch das Verhalten gegenüber aufdringlichen Personen und das Verhalten in einer Hundezone werden überprüft.

Was manche freiwillig machen, ist für andere Pflicht: Die Einführung des „Verpflichtenden Hundeführerscheins" soll die Situation vor allem zwischen der Bevölkerung und den Besitzern sogenannter „Kampfhunde" entlasten. Betroffen sind derzeit folgende Hunderassen (und Mischlinge davon) beziehungsweise deren Besitzer: Bullterrier, Staffordshire Bullterrier, American Staffordshire Terrier,

Mastino Napoletano, Mastin Espanol, Fila Brasileiro, Mastiff, Bullmastiff, Tosa Inu, Pitbullterrier, Rottweiler und Dogo Argentino (Argentinischer Mastiff). Keine Angst, die wollen nur spielen ...

Aber, um versöhnlicher zu enden, es gibt auch das Gegenteil: nämlich städtische Initiativen *für* Hunde. Etwa den seit 2009 existierenden *Hundebadebereich* an der Neuen Donau zwischen Stadlauer Ostbahnbrücke und der Praterbrücke – am linken Ufer der Neuen Donau zwischen Kilometer L 8,7 und L 9,1. Dort stehen auch eigene Hinweistafeln. Sie zeigen – blau umrandet – ein stilisiertes Hundepiktogramm – in Wellenlinien stehend, ergo badend. Es ist übrigens dieselbe terrierartige Hundesilhouette, die auch auf den anderen drei offiziellen Hundetafeln in Wien zu sehen ist. Als da sind eine rot umrandete für *Hundeverbotszonen* (darin Hund, rot durchgestrichen) und zwei grün umrandete für *Hundezonen* (darin Hund, stehend) und *Hundeauslaufplatz* (darin Hund, dynamisch Pfoten hebend). Eine konzise rechtliche Unterscheidung der beiden Letzteren gibt es übrigens nicht. Weitere Wiener Bademöglichkeiten für wassernarrische Hunde finden sich übrigens auf der, auch das gibt es, Website „Urlaub mit Hund in Wien“ (http://www.citydogs.at/), neben vielen anderen Tipps für Einheimische und Touristen. Umgekehrt bietet die Stadt Wien Hundefreunden auf ihrer eigenen Website wissenswerte Informationen für Wiener, die mit ihrem Hund verreisen wollen (http://www.wien.gv.at/menschen-gesellschaft/urlaub-hund.html).

Übrigens, den schlechtesten Stand hat man in Wien als Angehöriger der Minderheit toleranter Hunde-Agnostiker, der weder das Wahlrecht für Bello verlangt noch die Aussiedlung aller Vierbeiner nach Siebenbürgen fordert. Gar zu leicht wird man da im Sinne von „wer nicht für uns ist, ist gegen uns" von beiden Seiten als Feind erkannt und zwischen den Fronten zerrieben. Ähnlich wie beim Thema Rauchverbote in Lokalen, aber das ist eine andere Geschichte.

Somit will ich mit einem passenden Zitat* schließen.

„Keinem anderen Wiener Stadtbewohner werden so extreme Gefühle entgegengebracht wie dem Hund. Für die einen ist er der treue Freund, der zuverlässigste Partner, der oft sogar Vorrang vor menschlicher Gesellschaft genießt. Für die anderen ist er Ärgernis schlechthin, unappetitlich, laut und gefährlich."

***Aus:** „Na, Hund. Hundehaltung in Wien. Wien. Studie im Auftrag der Magistratsdirektion der Stadt Wien", Kose, U., Krippner, U. & Licka L. (2000), S. 5.

Zitiert nach: „Leinen Los! – HUNDEFREIRÄUME IN DER STADT", Diplomarbeit zur Erlangung des akademischen Grades eines Diplomingenieurs, Eingereicht am Institut für Landschaftsarchitektur (ILA) an der Universität für Bodenkultur Wien, Betreuer: ao. Univ. Prof. Dr. Erwin Frohmann, eingereicht von: Peter Eckl, Birgit Ramharter, (Oktober 2006)

Online-Abfrage: http://www.leinenlos.youngguns.at/Leinen%20los%20-%20Diplomarbeit%20online.html am 28.6.2012.

(Falls sich jemand wundert: So zitiert man heute akademisch, was vor allem EU-Kommissar Johannes Hahn und dem deutschen Ex-Minister Karl Theodor Maria Nikolaus Johann Jacob Philipp Franz Joseph Sylvester Freiherr von und zu Guttenberg sowie einige andere internationale Spitzenpolitiker in Erstaunen versetzen dürfte.)

Direttissima

Straßen, die schnurgerade verlaufen, haben in Wien Seltenheitswert. Zwar gibt es auch in Cisdanubien einige sehr lange Straßen, wie etwa die Mariahilfer Straße oder die Linzer Straße, aber so wirklich ganz gerade sind die nicht. Es verhält sich ja so, dass die meisten Straßen in Wien ja entweder radial vom Stadtzentrum weg oder tangential um das Stadtzentrum herum verlaufen. Diese Tatsache schlägt sich bekanntlich auch in der Logistik der Nummerierung der Wiener Häuser und auch Bus- und Bim-Linien nieder (siehe „Furioses Wien", Kapitel „Wien, radial und tangential"). Aber wiewohl oft radial, also wörtlich geradlinig von einem Punkt ausgehend, sind diese vermeintlichen Strahl-Straßen in Wien eben doch alle etwas, naja, verwortakelt. In Transdanubien, also den neueren Bezirken jenseits der Donau, sieht die Sache schon ein wenig anders aus. Prager Straße (auch nicht ganz gerade), Brünner Straße und natürlich die lange Donauuferautobahn entlang der Neuen Donau verlaufen – im letzteren Fall logischerweise – schnurgerade. Einschub: Natürlich auch der Handelskai im Zweiten, sowie die dahinterliegenden Straßen, wie die Engerthstraße, die ich aber alle um des Arguments Willen jetzt einfach ignoriere und für dieses Kapitel schlicht behaupte, Transdanubien beginnt hinter dem Donaukanal. Pfeif.

Aber eh auch jenseits der Donau sind alle Straßen, die ein gewisses Alter aufweisen, nicht wirklich gerade, sondern verbinden jeweils nur zwei frühere dort befindliche Ortschaften mehr oder weniger, den geografischen Gegebenheiten geschuldet, luftlinig. Etwa die Erzherzog-Karl-Straße zwischen Aspern und Kagran.

Doch zurück in den südwestlich der Donau gelegenen siedlungstechnischen Hauptteil der Stadt. Wenn man hier den Stadtplan betrachtet, fällt im Gewirr von krummen, krummsten und gut gemeinten, immerhin *fast* geraden Straßen (auch die Triester Straße ist ein sanfter Bogen, die Simmeringer Hauptstraße nur streckenweise pfeilgerade) eine Ausnahme in dieser regelmäßigen Unregelmäßigkeit ins Auge. Und zwar die Altmannsdorfer Straße im 12. bzw. 23. Bezirk. Diese verläuft über eine erstaunlich lange Strecke geradezu geradest. Wer diese Einfallstraße benutzt, wird das vielleicht schon bemerkt haben. Wer aber nur so beiläufig den Stadtplan betrachtet, dem erscheint dieser Fakt doch ein wenig eigenartig. Zumal das gerade Stück heute nicht wirklich irgendwelche signifikanten Punkte miteinander verbindet: am einen Ende liegt der sogenannte Grüne Berg, am anderen Ende die Triesterstraße, und darüber hinaus nach Niederösterreich verlängert: Vösendorf.

Cui bono, also? Die Lösung dieses fast schon kriminalistischen Radialrätsels (oder doch Tangentenrätsels? Schließlich liegt die Straße schräg zum Stadtkern ...) findet sich im Bereich der Straßennamen. Und zwar sowohl bei aktuellen, als auch früheren Benennungen. Der aktuelle Name hilft eher wenig. Er verweist auf Altmannsdorf, eines der zahlreichen, fast 200, ehemaligen Dörfer und Siedlungen, aus denen sich das heutige Wien zusammensetzt. Heute entspricht das der Gegend um das „Schöpfwerk“ und den Khleslplatz mit dem ehemaligen Tierschutzhaus (heute steht an dieser Stelle übrigens ein Seniorenwohnheim). Enden tut die Straße jedoch nach erstaunlich kurvenlosen 5,7 km im Süden an der Wiener Stadtgrenze in Neuerlaa.

Der nördliche Endpunkt ist, wenn man ihn gedanklich noch etwas über den Grünen Berg hinaus verlängert, allerdings ... das Schloss Schönbrunn. Und damit nähern wir uns des Rätsels Lösung schon ein gehöriges Stück. Die Verbindung führte also von Schönbrunn weg nach Vösendorf. Was auch der letzte, schon in Niederösterreich gelegene Teil der Straße belegt, der nach der Triester Straße nämlich Schönbrunner Allee heißt. Und so den Straßenzug auf über 6 winkellose Kilometer Strecke befördert.

Was war nun aber in Vösendorf so wichtig, dass es einer schnurgeraden Verbindung von der sommerlichen Kaiserresidenz bedurfte? Die Antwort: gar nichts. Denn Vösendorf ist, wenn man die Gerade noch weiter Richtung Süden verlängert, nur ein Zwischenstopp zum tatsächlichen Ziel. Und hier kommt der ehemalige Name der Altmannsdorfer Straße zum Tragen. Früher hieß diese nämlich (... Trommelwirbel ...) Laxenburger Straße! Und jedem, der auch nur rudimentär mit Wien, seiner Umgebung und seiner kaiserlichen Vergangenheit vertraut ist, oder auch nur seine Kinder in der schönen Jahreszeit in einem praktisch angelegten Park äußerln führen möchte, hat nun alles zur Hand, um zu verstehen, was Sache ist.

Denn Schloss Laxenburg ist ein weiteres der dazumal nicht wenigen kaiserlichen Übernachtungsmöglichkeiten. Korrekt sind es eigentlich mehrere „Schlösser Laxenburg", nämlich: das „Alte Schloss", der „Blaue Hof", das „Neue Schloss" sowie die „Franzensburg". Letztere ist (wie übrigens auch die Burg Kreuzenstein im Norden von Wien) eine Art „Neuschwanstein Österreichs". Es handelt sich nämlich um eine erst nach 1801 errichtete mittelalterliche Pseudo-Burg. Was man etwa auch an den modernen Ziegeln unter dem blätternden Putz erkennen kann. Gleich daneben gibt es außerdem einen auch nicht älteren Turnierplatz für, nun, Lanzenturniere ...

Einschub Kreuzenstein. Hier gab es zwar tatsächlich einmal eine mittelalterliche Burg, später der umfassenden Habsburg-WG hinzugefügt, aber die, die heute steht, wurde erst ab 1874 als „Schauburg" errichtet. Und zwar durch den auch als Polarforscher bekannt gewordenen Johann Nepomuk Graf Wilczek, nach dem auch die Wilczek-Insel (Ostrow Wiltscheka) auf der ehemaligen Fast-Nordpol-Kolonie Österreichs, dem Franz-Josef-Land (Semlja Franza Iossifa) benannt ist (siehe auch Kapitel „Alles Rettung" und im Detail „Kurioses Wien", Kapitel „Eisiges").

Doch retour nach Laxenburg. Der Park selbst ist eine künstliche Wald- und See-Oase, was man besonders gut auf Satellitenfotos der Gegend erkennen kann: rundum nur Felder und Häuser, keine größeren Wasserflächen

oder Wälder in Sicht. Die künstlichen Gewässer des auch als „Wasserschloss“ bezeichneten Laxenburg werden von der Triesting gespeist. Der Park wurde nach 1780 im „englischen Stil“ (also waldartig) gestaltet und wenn man mit den Kindern nicht sofort – direttissima – zum Teich mit den Enten, Schwänen, Tret- und Elektrobooten eilen muss, kann man in dem weitläufigen Areal noch andere seltsame, mehr oder weniger verfallene Bauten entdecken: wie das „Grüne Lusthaus“, den „Concordiatempel“, das „Haus der Laune“, die „Rittergruft mit der Rittersäule" sowie die „Felsengrotte". Hier sollte sogar einmal ein Modell der (ursprünglich in der Schweiz gelegenen) „Habsburg" gebaut werden.

Ein lohnendes Ziel also für Kaisers. Und da das Reisen mittels Kutschen auf noch nicht asphaltierten Straßen anno dazumal in jedem Fall eine strapaziöse Angelegenheit war, versuchte man natürlich wenigstens die Länge durch Vermeidung unnötiger Kurven zu minimieren. Also möglichst grad zu bauen. Witzig übrigens auch das heutige Schicksal der Gesamtstrecke, auf jedem Stadtplan oder im Internet nachzuvollziehen: ab Schönbrunn – Hauptdurchzugsstraße; nach und in Vösendorf – normale Straße; danach Richtung Biedermannsdorf – Feldweg! Der letzte Rest, obzwar nur zwischen Biedermannsorf und Laxenburg gelegen, trägt bezeichnenderweise auch noch heute den Namen „Wiener Straße".

Im selben Sinne sind auch die Verbindungsstraßen zwischen der Wiener Hofburg und Schloss Schönbrunn sowie zwischen der Innenstadt und dem Zentralfriedhof, genauer gesagt dem ehemaligen Schloss Neugebäude (einer weiteren ehemaligen Kaiserresidenz und einem ehemaligen Jagdschloss, heute Urnenhain; siehe auch „Kurioses Wien", Kapitel „Begraben in der Burgmauer"), nach Möglichkeit ziemlich gerade gebaut. Oder auch die Verbindung Hofburg-Laxenburg, die, nota bene, heutige Laxenburger Straße.

Aber gerade die Altmannsdorfer Straße ist unter all diesen die erstaunlich geradeste; ich fordere daher jedermann auf, sich das auf einem Stadtplan anzusehen.

Was aber auch immer der ursprüngliche Bau-Grund für diese Straße war, Autofahrer des 21. Jahrhunderts danken es der Monarchie heute, eine bequeme pfeilgerade Verbindung zum Pendeln vorzufinden. Oder, weil meistens verstaut, auch nicht.

Apropos erstaunlich gerade. Wenn man den Stadtplan weiter studiert und seine Aufmerksamkeit auf die Gegend ein wenig weiter westlich von der Altmannsdorfer Straße richtet, wird man auf eine andere, allerdings der Flora zuzurechnende, Gerade stoßen. Auf der Höhe der Ostgrenze des Lainzer Tiergartens enden die Häuser der Stadt vor den Toren des Wienerwaldes in einer von Norden nach Süden verlaufenden senkrechten Linie. Dabei handelt es sich vermutlich kaum um Zufall. Warum diese Begrenzung allerdings so lotrecht geplant wurde, ist heute schwer zu recherchieren. Jedenfalls wurde die östliche Mauer unter Kaiser Joseph II. von Baumeister Philipp Schlucker errichtet. Dieser hatte sich bei seinem Angebot allerdings verrechnet und musste die Fertigstellung der Mauer schließlich aus eigener Tasche bezahlen. Angeblich stammt daher auch der Ausdruck „armer Schlucker".

Final wäre noch anzumerken, dass die Tatsache, dass Geraden in Wien selten sind, durchaus dem Naturell des Wieners entspricht. So bezeichnete ja niemand Geringerer als Friedensreich Hundertwasser einst die gerade Linie als „Werkzeug des Teufels".

Die Gärten des Dr. Schreber

Schrebergarten. Dieses Wort hat einen derartig einschmeichlerischen, einheimischen Klang, dass niemand leicht auf die Idee kommen könnte, dass das Wort eventuell gar nicht aus Wien stammt. Klingt es doch ein wenig nach Schrammeln und gemahnt in seiner heimelig gemütlichen Ausstrahlung sogar an einen Heurigenbesuch. Schrebergärten, Schrebergartenfeste oder auch Schrebergärtner als Synonym für eine bestimmte biedere Haltung haben gerade in Wien, das von diesen eng eingezirkelten Kleingärten geradezu umzingelt und durchlöchert ist, eine lange Geschichte.

Aber – etymologisch – weit gefehlt. Die Gärten sind weder vom Namen noch von der Idee her heimischen Ursprungs. Vielmehr sind sie nach einem Leipziger Arzt und Orthopäden namens Dr. Moritz (Daniel Gottlob) Schreber (1808–1861) benannt, der genauer betrachtet für ganz andere Dinge bekannt ist. Aus heutiger Sicht eher der „schwarzen Pädagogik" zuzurechnen, beschäftigte sich Dr. Schreber mit Möglichkeiten, das Beste aus dem Menschen und hier vor allem (sozial benachteiligten) Kindern herauszuholen. So gut seine Absicht, so sehr ans Folternde grenzend seine Methoden. Gerade einige mechanische Apparate in Art von Metallfesseln zur Förderung einer besseren Haltung beim Sitzen und beim Schlafen sowie zur Verhinderung der Masturbation gehen auf sein Konto. Er verfasste mehrere pädagogische Bücher, die sich lange Zeit weiter Beliebtheit (bis zu 40 Auflagen) auch über den deutschen Sprachraum hinaus erfreuten. Und zwar: „Die Eigenthümlichkeiten des kindlichen Organismus im gesunden und kranken Zustande“ (1839); „Der Hausfreund als Erzieher und Führer zu Familienglück und Menschenveredelung“ (1861); „Die ärztliche Zimmergymnastik“ (1855, sein Bestseller); sowie „Kallipädie oder Erziehung zur Schönheit durch naturgetreue und gleichmässige Förderung normaler Körperbildung, lebenstüchtiger Gesundheit und geistiger Veredelung und insbesondere durch möglichste Benutzung specieller Erziehungsmittel“ (1858).

Dr. Schreber wandte seine strengen Methoden auch an seinen Söhnen an – die beide psychotisch wurden. Einer beging später Selbstmord, der andere, sächsischer Richter und für eine Weile auch Senatspräsident am Oberlandesgericht Dresden, Daniel Paul Schreber, hat seine Fallgeschichte auch als Buch veröffentlicht. Das Buch „Denkwürdigkeiten eines Nervenkranken“ (1903) wurde später von Sigmund Freund psychoanalytisch analysiert. Die moderne Forschung geht durchaus davon aus, dass Schrebers Erziehungsmethoden zu der Erkrankung seiner Söhne zumindest beitrug. Was jetzt alles aber nicht wirklich so viel mit Kleingartensiedlungen zu tun hat.

Also, um die Sache mit dem Namensgeber nicht ausufern zu lassen, jedenfalls nicht viel mehr als bisher schon: in den Konzepten des Herrn Schreber finden sich durchaus auch Ansätze zur Betätigung an der frischen Luft. Weshalb ein drei Jahre nach Schrebers Tod gegründeter Schulverein zur Förderung von Kindererziehung mittels Spielplätzen durch deren Initiator Schuldirektor Ernst Innocenz Hauschild nach dem inzwischen verstorbenen Doktor Schreber benannt wurde. Der „Schreberverein" eröffnete am 25. Mai 1865 einen Spielplatz im Johannapark in Leipzig und gab ihm den Namen „Schreberplatz". Es war eine Art Spielwiese, auf der Fabrikarbeiterkinder durch einen Pädagogen betreut spielen und turnen konnten. Oberlehrer Heinrich Karl Gesell legte rund um den Platz kleine Spielgärten für die Kinder an, deren Pflege aber nach und nach von ihren Eltern übernommen wurde. Die Gärten wuchsen – 1969 waren es schon 100 – und wurden schließlich umzäunt, parzelliert und in einem Verein zusammengefasst. Diese Gärten nannte man nun folgerichtig und wenig überraschend „Schrebergärten". 1891 gab es bereits 14 weitere Schrebervereine in Leipzig – bei einem „echten" Schreberverein steht übrigens bis heute stets ein Spielplatz in der Mitte der Anlage – und bald wurde der Name von der bereits etwas früher begonnenen und anders motivierten deutschen „Kleingärtnerbewegung" übernommen. Und blieb picken.

In Wien gelang der gute Doktor oder zumindest sein Name ganz besonders oft zu Ehren. So wurden seit 1923 nicht weniger als vier(!) Verkehrsflächen nach ihm benannt: die Schrebergasse (22. Bezirk), die Dr.-Schreber-Gasse (13. Bezirk) sowie zwei Dr.-Schreber-Wege (12. Bezirk und 19. Bezirk).

Allerdings gab es wie schon erwähnt eine Weile davor die Idee, Stadtmenschen zu Gärtnern zu machen. Genauer gesagt, meist armen Menschen kleine Gärten zur Selbstversorgung zu überlassen. Die ersten dieser Anlagen nannte man daher auch „Armengärten". Die historisch erste nachweisebare Armengärtenanlage auf heute deutschem Boden waren die 1806 durch den Landgrafen Carl von Hessen angelegten „Carlsgärten". Viele weitere folgten, die Idee verbreitete sich rasch und wurde auch von diversen sozialistischen Bewegungen aufgegriffen, die etwa die Errichtung der sogenannten „Arbeitergärten" in Städten und „Eisenbahnergärten" entlang der Trassen forderten und förderten. Das Hauptziel war die zusätzliche Ernährung der Bevölkerung durch Eigenproduktion von Obst und Gemüse, aber es gab auch eine sozialpolitische Aufgabe in Hinblick auf die zunehmende Masse von der Natur abgetrennt, in engen Mietskasernen hausenden Großstädtern.

In Wien erfolgte der Ausbau und die Widmung von Kleingartensiedlungen in Wellen – bis in die Nachkriegszeit nach dem Zweiten Weltkrieg. Aus verschiedenen Motiven von (zuerst) Armutsbekämpfung über (später) Wohnungsnot bis zur psychischen und körperlichen Verbesserung des Menschen und der Stillung eines Freizeitbedürfnisses (bis heute).

Der „Zentralverband der Kleingärtner und Siedler Österreichs“ (dazu gleich) drückt das folgendermaßen aus: „Die Kleingartenbewegung stellte von Anfang an die sozialen Aufgaben in den Vordergrund. Nun haben sich im Laufe der Jahre die Kleingärten vom „Symbol des Überlebens“ zur heutigen „Freizeit- und Erholungsfunktion“ gewandelt.“

Damit passte die Bewegung in verschiedene andere ihrer Gründungszeit. Manche davon haben überlebt (Psychoanalyse, Sozialdemokratie ...), viele nicht. Denn die Zahl der Ideologen, Gurus und Naturaposteln aller Art in den Jahrzehnten rund um 1900 war enorm. Etwa, als einer unter vielen, Rudolf Steiner, dessen Konzept für die von ihm gegründeten Waldorfschulen noch zu den vernünftigsten und heute weitgehend akzeptierten seiner sonst eher esoterischen Ideen zählen. Wenn auch so mancher die noch immer fix im Lehrplan vorgesehenen Eurythmiestunden (zum Teil im Röckchen) belächeln mag. Auch die FKK-Bewegung nahm, ebenfalls ideologisch und weltverbessernd untermauert, damals ihren Anfang und fand ja auch in Wien spätestens ab 1920 seine Platzerln (prominent darunter die Lobau). Ein Denkmal auf diesen geradezu grassierenden Kampf um welt- und menschenverbessernde Ideen (und Marktanteile daran) setzte die amerikanischen Filmkomödie „Willkommen in Wellville“ 1994, nach dem gleichnamigen Buch. Hier überschlagen sich Ärzte und Scharlatane gleichermaßen geradezu in neuen Ideen und Möglichkeiten, wie man dem Menschen, meist in Gestalt eines Patienten, im wahrsten Sinne des Wortes zu Leibe rücken konnte. Egal, ob es dabei um die Rezeptur für ideale Frühstücksflocken (auch der Herr Bircher, genauer Maximilian Oskar Bircher-Benner, ja, der mit dem Müsli, war ein solcher Menschheitsverbesserer) oder um, nun, handgreiflichere Methoden ging. Ein Highlight des Films ist dann auch die Darstellung der – medizinhistorisch verbrieften – sogenannten Manualtherapie, die dazu diente, bei als hysterisch diagnostizierten Frauen die sogenannte „Hysterische Krise" oder auch („hysterischer Paroxysmus") auszulösen. Tatsächlich handelte es

Gartenzwergidylle mit Plantschbecken und Rasensprenger

sich aber um nichts weiter als die Hervorrufung eines Orgasmus durch ärztliche, nun, Handarbeit. Weil, und auch das ist historisch belegt, diese den Ärzten mit der Zeit jedoch zu mühsam wurde, wurde ursprünglich zu diesem Zweck der Vibrator erfunden. Aber das ist eine andere Geschichte.

Doch zurück zu den vergleichsweise biederen Kleingärten. Meist befinden sich die Gebiete in städtischer, seltener auch in privater Hand und werden in fast allen Fällen an die Nutzer, der Gründungsidee folgend, meist günstig verpachtet. Aber nicht direkt sondern über tragende Vereine. In Wien liest sich das so: „Die auf städtischem Eigentum befindlichen Kleingartenanlagen sind an einen Generalpächter verpachtet (gemäß Bundeskleingartengesetz). Dieser überlässt Einzelpersonen die jeweiligen Kleingärten mittels Unterpachtverträgen zur kleingärtnerischen Nutzung auf unbestimmte Zeit."

Alle diese Vereine sind in der Hauptstadt im „Landesverband der Kleingärtner Wiens" organisiert, der zum „Zentralverband der Kleingärtner und Siedler Österreichs" gehört, dem 1916 gegründeten „Dachverband sowie die Interessensvertretung der Kleingärtner in Österreich". Laut diesem gibt es in Wien derzeit 26.831 Kleingärten, die von 247(!) Vereinen in 13 Bezirksorganisationen betrieben werden. Sie verteilen sich nicht nur in den klassisch bekannten Gebieten etwa rund um die Alte Donau oder am Rand des Wienerwaldes, sondern sind eben in *dreizehn* von 23 Bezirken anzutreffen. Auch an so unwahrscheinlichen Orten wie direkt neben dem Gürtel (zwischen Zentralbahnhof und Arsenal) oder als Fleckerl im dicht verbauten 20. Bezirk – im Schatten mehrerer Gemeindebauten.

Laut Zentralverband gibt es in Österreich auf einer Fläche von etwa 1000 Hektar derzeit 39.234 Kleingärten, welche in 384 Vereinen und 5 Landesverbänden (Niederösterreich, Oberösterreich, Salzburg, Steiermark und Wien) organisiert sind. Aber damit nicht genug, Österreich ist seit dessen Gründung im Jahr 1926 auch Mitglied des „Office International du Coin de Terre et des Jardins Familiaux", die internationale Organisation von aktuell 15 nationalen Kleingartenverbänden mit über drei Millionen Kleingärtnerfamilien.

Der ersten Wiener Schrebergärten entstanden entlang des Ameisbaches im 14. und 16. Bezirk. Zumindest dem Namen nach dürfte der erste Kleingartenverein aus dem Jahr 1909 stammen. Jedenfalls nennt sich der Verein bis heute „Erster Wr. Lust- und Nutzgarten".

Und die vielfältigen Lust- und Nutzungsmöglichkeiten eines Schrebergartens sind bis heute aktuell. Also, einerseits die Möglichkeit, sich auf persönlicher Ebene mit einem Minimum an frischem Obst und Gemüse zu versorgen, und andererseits die Möglichkeit der Naherholung (oft nur eine viertel bis zu einer halben Stunde von der Wohnung entfernt) und der Flucht aus der Enge der Großstadt in ein kleines, oft ebenfalls eher enges, persönliches Biotop. Jedenfalls etwas mehr an Natur, als die Blumen in der Woh-

Schrebergarten – Eigenheim auf engstem Raum

nung oder ein begrünter Balkon bieten können. Der Erholungswert der kleinen Gärten ist unbestritten.

Der etwas eigentümliche, kleinbürgerliche Klang des Namens Schrebergarten, vor allem für Menschen die entweder gar keinen oder aber einen weitaus größeren Garten besitzen, stammt wohl nicht zuletzt von den unvermeidlichen soziologischen Phänomenen, die ein derartig enges Nebeneinander von vielen unterschiedlichen Menschen geradezu hervorbringen muss.

Genau wie in Gemeindebauten, wo viele Menschen auf kleinsten Raum eng nebeneinander zu wohnen lernen mussten, gilt dasselbe in den meisten Fällen auch in den klassischen Schrebergartenanlagen. Kleine, abgezirkelte Grundstücke, eng nebeneinander gelegen, meist nur durch dürftige florale Abgrenzung von Ein- und Durchblicken der Nachbarn geschützt, sorgen zwangsläufig zu einer Art engen Gemeinschaft, um nicht zu sagen gegenseitiger Überwachung. Dazu kommt die als Verein organisierte Struktur der Schrebergärten, die unterschiedlichste Menschen dazu zwingt, gemeinsam wichtige Beschlüsse, etwa was Abwässer oder Müllabfuhr betrifft, zu beschließen.

Freilich variiert dieses Phänomen auch mit der Lage und Größe der Eigengrundstücke. So gibt es Gegenden, die tatsächlich aus Parzellen in durchschnittlicher Gemeindewohnungsgröße bestehen, und die den Blicken der Nachbarn und Vorbeigehenden ohne jeden Filter ausgesetzt sind. In anderen Gegenden haben die Parzellen dagegen durchaus die Größe von kleineren Grundstücken, wie man sie in Villenvierteln, am Stadtrand oder in den Ortschaften rund um Wien antrifft.

Auf beiden macht sich in den letzten Jahren ein Trend bemerkbar, der schon zu sehr viel Unmut in der Anrainerschaft, aber auch bereits medial gesorgt hat. Die Rede ist vom Ausbau der meist nicht unterkellerten kleinen Hütten (früher Lauben) für den sommerlichen Aufenthalt zu ganzjährigen Einfamilienhäusern. Dass der Ausbau in Grundfläche, Höhe und Tiefe meist von dem umliegenden Garten nicht viel mehr als einen schmalen Streifen überlässt, und damit die Grundfläche des Hauses praktisch die gesamte Fläche des „Gartens" umfasst, scheint die neuen Besitzer nicht weiter zu stören. Handelt es sich doch offenbar um eine billige Variante, ein Eigenheim mehr oder weniger mitten in der Stadt zu besitzen. Und weniger Rasen bedeutet auch weniger Rasenpflege. Die Natur hat man ja sowieso rund um sich – wenn man vom ersten Stock aus die restlichen Schrebergärten überblickt. Sollte sich dieser etwas befremdliche Trend allerdings fortsetzen, ist damit zu rechnen, dass später die neuen Eigenheimbesitzer von ihren Balkonen aus nicht viel mehr zu sehen bekommen als weitere Balkone von weiteren neuen Eigenheimbesitzern ... Wer sich diese Situation einmal selbst anschauen möchte, der braucht nur einen Spaziergang durch die Schrebergartenanlagen gerade an der Alte Donau zu machen.

Ein anderer Aspekt an den kleinen Gärten ist die auch manchmal exotische und internationale Benennung. Zwar heißen die meisten Kleingartenvereine nach der Gegend, also Straßen, in denen sie stehen, oder nahe gelegenen Naturobjekten, und manche auch nach Firmen, aber daneben finden sich auch Kleingartenvereine mit Namen wie *Neu-Brasilien, Neu-Florida, Helgoland, Klein-Semmering* oder *Kanada*, die wohl mehr oder weniger die Sehnsucht nach der Ferne oder zumindest Natur außerhalb der Stadt ausdrücken. Ein anderer Verein will sogar noch höher hinaus und nennt sich *Eden*. Dann gibt es noch andere Sehnsuchtsnamen wie etwa den KGV *Sonnheim*. Praktischer orientiert klingen dagegen Namen wie *Futterparzelle* oder *Obstfreunde*. Obstfreunde gibt es sicher auch im KGV *Wasserwiese*, der sich im Prater malerisch um den einzigen in Österreich in Betrieb befindlichen Atomreaktor erstreckt ... (siehe „Kurioses Wien", Kapitel „Der Wiener Atomreaktor"). Dem positiven Menschenbild huldigen auch noch Namen wie *Frohsinn, Frohe Zukunft* oder *Gut Freund*. Neuere Anlagen tragen dagegen schon pragmatischere (*Linse*, nach der Form) oder selbstironischere Namen (*Maulwurf*).

Die Ausstattung schwankt dabei zwischen nach modernsten ökologischen Aspekten geplanten und gepflegten Biotopen und der klassischen Gartenzwergidylle mit fingernagelscherengepflegtem englischen Kürzestrasen.

Apropos Gartenzwerge. Natürlich werden diese Mini-Soziotope auch immer wieder gerne zu Filmzwecken hergenommen. Meist in Form von Dokumentationen, aber auch als Hintergrund für Spielfilme. So handelt etwa die Folge „Drohbriefe" (Folge 5 – 1979) der legendären

Comedy-Krimiserie „Kottan ermittelt" in einer Schrebergartensiedlung, wo auf geköpfte Gartenzwerge bald auch reale Mordopfer folgen. Eine ganz besonders perfide Besonderheit dieser Folge ist übrigens, dass sie wohl zu den ganz wenigen der vielen 10.000en TV-Krimiserien-Folgen gehört, bei der der wahre Mörder der Justiz entgeht und der Kommissar den Falschen verhaftet.

Ein letztes Kuriosum der Wiener Schrebergärten findet sich in der Benennung eines Weges. Der Ingenieur-Sarek-Weg in Wien 22 hat eine unbekannte Namensherkunft. In allen einschlägigen Nachschlagewerken wird bei der Namensnennung: „Benennungsdatum und Herkunft unklar". Dies führt, vor allem seit Internet und Googeln immer wieder Leute darauf stoßen lässt, bei in der Mythologie der Science Fiction-Serie „Raumschiff Enterprise" Bewanderten zu amüsanten Spekulationen. Ist doch Botschafter Sarek der Name des Vaters des vulkanischen Ersten Offiziers an Bord der Enterprise, Spock. Was natürlich breiten Raum für Spekulationen über Zeitreisen des vulkanischen Diplomaten in die Schrebergartensiedlungen Wiens lässt, wo er seine Spuren hinterlassen haben könnte. Botschafter hin, Ingenieur her. Da der Name „Sarek" auch im österreichischen Onlinetelefonverzeichnis nur ein einziges Mal (und da ganz offensichtlich bei einem Neo-Österreicher entfernterer Herkunft) auftaucht, kann man getrost von einem Schreibfehler ausgehen. Und der gute Ingenieur in den Kleingärten Donaustadts hieß vermutlich eher „Starek". Aber ... wer weiß?

Unsichtbare Kilometer

Viele Auto- und Beifahrer kennen diese Situation: man nähert sich nach längerer Fahrt auf der Westautobahn der Bundeshauptstadt Wien und hat es schon im Urin (meistens muss man zu diesem Zeitpunkt eh bereits schon wieder), dass die Stadt gleich hinter den nächsten paar Hügeln liegen müsste. Doch ein Blick auf den Kilometerstein belehrt einen – scheinbar – eines Besseren. Was? Noch 15 km, noch 14? Irgendwas kann da nicht stimmen, sagt einem die innere Uhr und die innere Blase. Oder auch der innere Orientierungssinn, falls dieser nicht durch Dauerverwendung eines Navis bereits völlig den Bach runtergegangen ist. Und tatsächlich. Noch 11 km, 10 km, 9,5 km – da plötzlich, die Lichter von Hawei! (Hadersdorf-Weidlingau, für Nicht-Wiener.)

Freilich hat man jedoch – als verantwortungsvoller Fahrer – die letzten Minuten damit zugebracht, auf die Straße zu blicken und nicht auf die Kilometersteine, deswegen fällt auch nur selten jemanden auf, dass der Countdown der Kilometersteine und damit die Westautobahn bei „9“ endet. Und da man zu diesem Zeitpunkt endlich das Wiental bei Auhof und damit die äußere Grenze seines Ziels erreicht hat, vergisst man auch recht rasch die sich zuvor doch recht bohrend gestellt habende Frage.

Beginnt man darüber eine Diskussion oder eine nur oberflächliche Recherche, stößt man recht rasch auf eine

Vielzahl von verwirrenden und widersprüchlichen Aussagen. So sollen etwa die ausgeschriebenen 9 km nicht die Stadtgrenze, sondern das Stadtzentrum meinen. Und wäre das denn nicht bei allen anderen Autobahnen ebenfalls so? Nein. Die beginnen nämlich alle brav mit Kilometer Null. Außerdem: Von Auhof bis zum Stephansplatz sind es etwas über 10 Kilometer Luftlinie, dem Straßenverlauf folgend mindestens ein Drittel mehr. Das geht sich nicht aus. Andere meinen zu wissen, dass die Autobahn früher über eine ganz andere Trasse durch Niederösterreich hätte führen sollen und hier die neun fehlenden Kilometer verschollen seien. Klingt plausibel, da sie ja von West nach Ost gebaut wurde ...

Also flugs die ASFINAG, die Betreiberin aller österreichischen Autobahnen und Schnellstraßen, angerufen. Dort erfuhr ich dann nach einigen Tagen Wartezeit, per Rückruf, dass sich die Nummerierung der A1 an der B1 orientiert, also vom Stadtzentrum aus zu zählen sei. Hm. Die B1 „Wiener Straße“, ehemals Bundesstraße (aber dazu weiter unten), führt von Wien nach Salzburg. *Innerhalb* Wiens von der Urania bis zur Westausfahrt, wo sie beim Beginn der Autobahn rechts abbiegt. Die „Wiener Straße“ begann ihre Geschichte übrigens schon als Reichsstraße der Monarchie, war dann in der Ersten Republik Bundesstraße und nach dem Anschluss wieder Reichsstraße. Von 1948 bis 1971 führte sie sogar (mit einem Eckerl Deutschland zwischen Salzburg und Lofer) bis nach Bregenz. Quasi die „Route 66“ Österreichs. Nun konnte ich zwar nicht alle historischen Entwicklungen der Straße mit letzter Sicherheit ermitteln, aber von Urania bis Auhof sind es deutlich mehr als neun Kilometer.

Zurück an den Start. Oder besser an den Stadtplan. Und siehe da: Nachmessen hilft. Bis zum Gürtel sind es circa 8 km Luftlinie. Hm.

Ein Blick in die Vergangenheit bringt Aufklärung. Schon seit der Kanalisierung des Wienflusses gab es Pläne, nicht nur die Teile in der Innenstadt, sondern den gesamten Fluss zu überbauen und in eine Prachtstraße – von der nahen Hofburg bis nach Schönbrunn – umzuwandeln. Einige auffällige Prunkbauten im Jugendstil entlang des Naschmarktes erinnern heute noch an dieses Vorhaben. Aber das Ende der Monarchie beendete auch diese Pläne. Trotzdem blieb die Idee, die – bis heute – freie offene Fläche, fast alle anderen fließenden Gewässer in Wien sind längst überbaut, in eine Straße umzuwandeln. Zwischen den 1950er- und 1970er-Jahren erhielt das Projekt unter dem Namen „Wiental-Autobahn" einen neuerlichen Auftrieb. Die Ideen schwankten dabei zwischen einer über dem Wienfluss zu errichtenden Stadtautobahn oder auch einer Expressstraße. Beim Gaudenzdorfer Gürtel sollte es dann richtige, kleeblattförmige Autobahnauf- und -abfahrten geben. Was gut zu anderen Projekten gepasst hätte, aber dazu weiter unten.

Wegen starken Widerständen gegen Stadtautobahnen und nicht zuletzt auch aus Kostengründen wurde die Idee schließlich 1972 endgültig begraben. Als Alternative schwimmt der Verkehr (schon seit 1966) auf der sogenannten „Grünen Welle", falls er nicht gerade staut.

Auch die im Anschluss bis in die 1980er propagierte Idee der „Flötzersteig-Autobahn", eine weitere Variante, den Verkehr von dem Ende der A1 weiter und in die Stadt hineinzuführen, scheiterte nach heftigen Widerständen und einer äußerst verwirrenden Volksbefragung im Frühjahr 1980.

Dass die Idee, die Westautobahn bis zum Gürtel zu führen, auch in den späten 1960ern durchaus noch aktuell war, zeigt ein Gesetzestext aus dem Jahr 1968.

Im „113. Bundesgesetz vom 7. März 1968, mit dem das Bundesstraßengesetz neuerlich geändert wird (Bundesstraßengesetznovelle 1968)" beschloss der Nationalrat im Punkt 5 zum Thema Westautobahn Folgendes: „Beschreibung der Strecke Westautobahn: Vösendorf–Alland–Steinhäusl und Wien/Margaretengürtel–Schönbrunn–Auhof–Preßbaum–Steinhäusl, weiter in Richtung St. Pölten–Amstetten–Linz–Nettingsdorf–Sattledt–Attersee–Mondsee–Salzburg zur Staatsgrenze am Walserberg; Freindorf bei Linz zur Wiener Straße in Linz."

Mit der Strecke Vösendorf–Alland ist die heutige A21 gemeint, aber der wesentliche Punkt kommt gleich danach: „Wien/Margaretengürtel–Schönbrunn–Auhof".

Mit einiger Sicherheit dürfte in diesen früheren Plänen der Grund für die Nummerierungscausa liegen. Ganz sicher ließ sich die Sache aber nicht aufklären, wurden doch gerade die Ausbaupläne für Autobahnen und

Schnellstraßen in Wien immer wieder (bis heute) radikal geändert. Und gerade die Geschichte der Westautobahn ist sehr, nun, abwechslungsreich. Übrigens, korrekt heißt sie „West Autobahn“, was aber kaum jemand weiß und eine Schreibweise darstellt, die praktisch niemand, außer diverse Bundesgesetzblätter (und Wikipedia-Einträge) verwendet. Wie auch die anderen österreichischen Autobahnen, „Süd Autobahn“, „Ost Autobahn“, „Brenner Autobahn“, „Inntal Autobahn“ etc. heißen, aber das sind semantische Details.

Tatsächlich handelt es sich bei der A1 um das einzige in Österreich sichtbare Zeichen des oft gehörten Satzes „aber er hat wenigstens die Autobahnen gebaut“. Und richtig, der Bau der Westautobahn begann während der nationalsozialistischen Herrschaft. Geplant war der Anschluss der Ostmark an das Autobahnnetz des Deutschen Reiches (Wortspiel intendiert). Sehr weit sind die Nazis allerdings nicht gekommen, nämlich gerade bis Salzburg-Mitte (16,8 km). Die Amerikaner wollten die Westautobahn dann weiterbauen, da aber ihre östlichen Mitbesatzer ein Veto in Form eines „Njet“ dagegen eingelegten, konnte der Bau erst 1955 nach der Unterzeichnung des Staatsvertrages weitergeführt werden. Und dauerte bis 1970, abgesehen von ein paar Lücken. Das letzte Stück war jenes, das durch den Wienerwald kommend das Stadtgebiet bei Auhof erreichte. Für dessen Errichtung wurde, was auch wenige wissen, 1960 ein Teil des Lainzer Tiergartens abgetrennt. Zwar kaufte die Stadt Wien dafür ein Ersatzgebiet bei

Laab im Walde, aber tatsächlich durchbraust man am letzten Stück der A1 ein ehemaliges Naturschutzgebiet.

Streng genommen führt die Westautobahn daher also historisch gesehen entgegen der Nummerierung von Salzburg nach Wien und nicht von Wien nach Salzburg. Für unser Thema heißt das, dass die Nummerierung schon lange vor der endgültigen Fertigstellung feststand, als noch niemand wusste, wo die „West“ tatsächlich enden würde ... Und als es so weit war, entschied man sich schlicht dafür, die Autobahnen eben mit Kilometerstein 9 zu beginnen. Wohl mit dem Hintergedanken, dass es eh schon keinem auffallen wird. Und tatsächlich, nur die wenigsten ahnen von dieser, sagen wir einmal, einzementierten Planungsspanne. Und so stört es auch bis heute niemanden, dass die 292 Kilometer lange Autostraße in Salzburg bei Kilometerstein 301 endet.

Alles klar? Gut, denn ab hier wird es nur noch verwirrender. Für den nächsten Teil empfehle ich das parallele Aufschlagen eines Stadtplans. Denn die letzten Kilometer der Westautobahn sind nämlich bei Weitem nicht die einzigen, die in Wien heute „fehlen“. Dazu zuerst ein Blick auf die heute in Wien verlaufenden Autobahnen:

A1 Westautobahn, A2 Südautobahn, A22 Donauuferautobahn (inklusive Zubringer Nordbrücke und Brünner Straße sowie Brigittenauer Brücke), A23 Südosttangente, A4 Ostautobahn.

Die A5, also die Nordautobahn, erreicht Wien entgegen früherer Planung nicht. Tatsächlich sollte sie ursprünglich bis zu Brigittenauer Brücke (Knoten Donaupark) führen, was auch erklärt, wieso mitten in Wien eine Autobahnbrücke ohne darüber verlaufende Autobahn steht. Die A5 war zu diesem Zeitpunkt in der Achse Donaufeld-Leopoldau-Stammersdorf geplant.

Tatsächlich sieht noch das Bundesstraßengesetz 1971 eine komplette Durchschneidung Wiens mit Stadtautobahnen vor. Auf die A5 hätte nach der Brigittenauer Brücke die „A20“ folgen sollen, die „Wiener Gürtel Autobahn“. Diese wäre dem ganzen Verlauf des Gürtels bis zum Anschluss an die heutige Südosttangente bei St. Marx gefolgt. Und hätte so auch einen Knoten „Gaudenzdorfer Gürtel“ mit der verlängerten Westautobahn gebildet. Damit nicht genug: beim Matzleinsdorfer Platz hätte die A20 auch noch auf die A2 Südautobahn treffen sollen, die nach die-

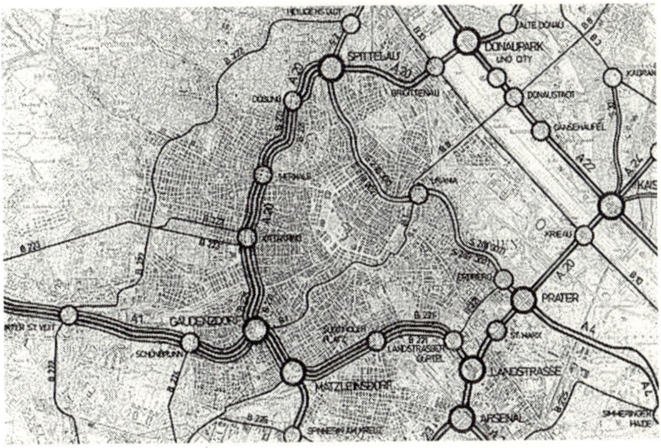

Stadtautobahnen quer durch Wien: Planungsstadium 1972

sen Plänen über die Spinnerin am Kreuz bis zum Gürtel verlängert worden wäre!

Dazu wäre die Verlängerung der A21 als Außenringautobahn bis zur A5 gekommen. Auch die A3 Südostautobahn wäre tief in das Wiener Stadtgebiet eingedrungen und hätte dort die A23, also die Südosttangente, erreicht. Davon zeugt sogar heute noch eine „tote" Autobahnabfahrt (siehe „Furioses Wien", Kapitel „Südosttangente, exterritorial").

An sich recht praktisch – ganz Wien durch Stadtautobahnen entschlossen. Aber wie hätte das optisch ausgesehen? Im Zuge des langsamen Umdenkens der Verkehrsplanung weg von Gott Auto landeten die meisten dieser Projekte in der Ablage. Obwohl einige davon heute noch – in Veränderung – existieren oder gerade in Planung sind. Stichwort Schnellstraßen.

Diese sind zwar fast so was wie Autobahnen, aber eben nicht ganz. Dennoch will man auch solche eher nicht im Stadtgebiet sehen, weswegen die aktuell gebauten und geplanten Schnellstraßen Wien tendenziell umrunden.

So mündet die A5 heute in den nördlichen Teil der S1 (Teil Süßenbrunn-Korneuburg, vulgo „Nordumfahrung"), der vermutlich irgendwann mit dem ebenfalls schon bestehenden Südteil (Teil Vösendorf-Schwechat, vulgo „Südumfahrung", früher eben als Verlängerung der A21 geplant) zusammentreffen wird. Der noch fehlende Teil Süßenbrunn-Schwechat (vulgo „Ost-" oder „Nordostumfahrung") über Groß Enzersdorf ist ja schon lange umstritten, weil er das Naturschutzgebiet Lobau durchschneidet.

Aktueller Stand: der Bau des ersten Teilstücks von Süßenbrunn bis Groß Enzersdorf soll 2014 starten und 2016 abgeschlossen werden. Der Abschnitt von Groß-Enzersdorf bis Schwechat wird voraussichtlich komplett untertunnelt, also auch unter der Donau geführt, ein Novum für Wien. Allerdings wird auch noch eine Brücke über die Donau nicht ausgeschlossen. Laut Bauprogramm der ASFINAG wird hier mit einem Baustart 2018 und einer Freigabe im Jahr 2025 gerechnet.

Ab dann wir die Verbindung zwischen A2 im Süden und A5 im Norden über diese Trasse laufen. Derzeit ist die Verbindung ja folgende: A2–A23–S2–S1. Wobei die S2 (mit vollem Titel „Wiener Nordrand Schnellstraße") eigentlich nur ein Hilfskrewegerl zwischen dem (fast unmerklichen) Ende der A23 bei Hirschstetten und dem Anschluss an die S1 bei Süßenbrunn darstellt. Mit 7,4 km ist sie heute die kürzeste Schnellstraße Österreichs. So liab, kurz, aber schon vignettenpflichtig!

Das liegt daran, dass auch früher alles anders geplant war und die S2 eigentlich eine als Hochstraße geführte Autobahn mit dem Namen „A24 Nordosttangente" ab Kaisermühlen sein sollte, die wiederum bei Aderklaa in die A21 (heute eben S1) münden sollte.

Wie auch immer, nach dem Bau des Lobaustücks hätte Wien 2025 dann eine zu etwa ¾ geschlossene West-Süd-Ost-Nord-Autobahnumkreisung – mit einer Autobahn-

Schnellstraßenkombination von Steinhäusl bis Korneuburg. Ob es darüber hinaus jemals auch vielleicht ehrgeizige Pläne gab, den Kreis auch noch im Nord-Westen, zwischen Korneuburg und Steinhäusl (etwa via Sieghartskirchen, Tulln und Stockerau), zu schließen, entzieht sich meiner Kenntnis. Aber bevor das Realität werden könnte, fliegen wir eh schon alle mit Schwebegleitern durch die Gegend. Oder beamen.

Die Nummerierung der Autobahnen erfolgt übrigens von der A1 ausgehend gegen den Uhrzeigersinn rund um Wien und folgt damit auch dem Konzept der Nummerierung der Straßenbahnen und Buslinien in Wien (siehe „Furioses Wien“, Kapitel „Wien, radial und tangential“). Die Verbindungsautobahnen wie die A21 zwischen A1 (Steinhäusl) und A2 (Vösendorf), die A22 und die A23 sind daher auch eher als A2.1, A2.2, und A2.3 zu lesen.

Aber nicht nur Autobahnen und Schnellstraßen durchziehen Wien, sondern auch sogenannte Bundesstraßen. Oder, um korrekt zu sein, durchzogen, denn die alten Bundesstraßen, die dritte Stufe in der Hierarchie nach Autobahn und Schnellstraße, wurden 2002 vom Bund an die jeweiligen Länder übergeben. Seitdem gelten nur noch die Straßen mit den Nummern A und S als Bundesstraßen und „gehören“ der ASFINAG.

Auch rechtlich heißt das im „50. Bundesgesetz: Bundesstraßen-Übertragungsgesetz (NR: GP XXI IA 599/A AB 1023 S. 95. BR: 6578 AB 6603 S. 685.)“ unter Artikel 5 folgendermaßen:

„Bundesgesetz über die Auflassung und Übertragung von Bundesstraßen

§ 1. Als Bundesstraßen aufgelassen werden

a) die im Verzeichnis 3, Bundesstraßen B, des Bundesstraßengesetzes 1971 enthaltenen Straßenzüge,
b) die Bundesersatzstraßen gemäß § 33 Abs. 5 des Bundesstraßengesetzes 1971 und
c) alle Straßenteile, bei denen die Voraussetzungen gemäß § 4 Abs. 2 des Bundesstraßengesetzes 1971 für eine Auflassung als Bundesstraße durch Verordnung vorliegen, aber eine solche Auflassung durch Verordnung noch nicht erfolgt ist."

Auf Deutsch heißt das, dass alle ehemaligen Bundesstraßen (die mit dem B) vorne, jetzt zu den einzelnen Bundesländern gehören und – bis auf Wien – seitdem „Landesstraßen" heißen. Allerdings behielten sie ihre Nummerierung, weshalb heute etwa die Landesstraße zwischen Eisenstadt und Großhöflein, die „Eisenstädter Straße", nicht etwa L59 sondern noch immer B59 heißt. Weshalb man diese Straßen praktischer auch als „Landesstraßen B" bezeichnet. Obwohl es freilich keine „Landesstraßen A" gibt.

In Wien sieht die Sache noch etwas anders aus. Als es noch Bundesstraßen gab, wurden alle anderen Gemeindestraßen in Wien in Haupt- und Nebenstraßen unterteilt. Seit der Übergabe der Bundesstraßen an Wien heißen die ehemaligen Hauptstraßen aber nun „Hauptstraße A" und die ehemaligen Bundesstraßen „Hauptstraße B". Wobei die Hauptstraßen B natürlich verkehrstechnisch fast in allen Fällen bedeutender sind als die Hauptstraßen A. Unglaubliches Wien.

Zur Verdeutlichung: zu den Hauptstraßen A heißt es in offiziellen Texten folgendermaßen: „Die ‚Hauptstraßen A' sind Gemeindestraßen mit besonderer Bedeutung. Sie werden nach verschiedenen Kriterien beurteilt (zum Beispiel Verkehrsbelastung, Vorrangstraßen, keine Tempo-30-Zonen)." In der Realität sind diese Hauptstraßen allerdings 800 Verkehrsflächen, die solche „Verkehrshöllen" miteinschließen wie die Annagasse oder die Sterngasse im 1. Bezirk. Brumm! Daneben gibt es übrigens immer noch Nebenstraßen.

Die Hauptstraßen B sind, wie auch die Landstraßen im Rest von Österreich, also in den meisten Fällen eigentlich keine Straßen sondern Straßenzüge. In Wien reichen diese heute von der „B1 – Wiener Straße" und „B3 – Donau Straße" über die „B17 – Wiener Neustädter Straße" und der „B221 – Wiener Gürtel Straße" bis zur „B232 – Donaufeld Straße". Natürlich sind es aber keine 232 Straßen, sondern gerade mal 26. Auch hier sollte man einen Punkt oder ein Komma (B23.2) mitlesen.

Fast alle dieser Hauptstraßen B sind natürlich nur der Anfang der viel längeren Strecken, die nach der Grenze zu Niederösterreich weiterlaufen, dann aber eben als Landesstraße B.

Wie auch immer, jedenfalls ist nur wenigen Nutzern der öffentlichen Verkehrsflächen bewusst, dass sie sich bei der Benutzung mancher Straßen oder Straßenzüge tatsächlich auf geografisch übergeordneten Verkehrswegen befinden. Zwar weiß jeder, also, fast jeder, wenn er auf dem „Gürtel" fährt, dass er tatsächlich mehrere aufeinanderfolgende Straßen mit dem „Gürtel" als Namensteil benutzt, aber nicht, dass er das praktisch bei jeder größeren Straße tut. Die im Wesentlichen dem Verlauf des Gürtel folgende „B221 Wiener Gürtel Straße" etwa hat sogar geografisch bedingt zwei Verläufe, nämlich:

1. Innerer Gürtel (von Süd nach Nord): Stadionbrücke – Schlachthausgasse – Landstraßer Hauptstraße – Landstraßer Gürtel – Wiedner Gürtel – Margaretengürtel – Linke Wienzeile (gemeinsam mit B1) – Gumpendorfer Gürtel – Mariahilfer Gürtel – Neubaugürtel – Lerchenfelder Gürtel – Hernalser Gürtel – Währinger Gürtel – Heiligenstädter Straße – Gürtelbrücke; und 2. Äußerer Gürtel (von Nord nach Süd): Gürtelbrücke – Döblinger Gürtel – Währinger Gürtel – Hernalser Gürtel – Lerchenfelder Gürtel – Neubaugürtel – Europaplatz – Mariahilfer Gürtel – Sechshauser Gürtel – Gaudenzdorfer Gürtel – Margaretengürtel – Wiedner Gürtel – Landstraßer Gürtel – Landstraßer Hauptstraße – Schlachthausgasse – Stadionbrücke.

Wenn Sie das nächste Mal auf der Schlachthausgasse stauen, können Sie ja ein wenig darüber nachsinnieren, dass Sie sich eigentlich auf der Wiener Gürtelstraße befinden. Und dass entgegen der klassischen Physik zwei Objekte offenbar doch den gleichen Raum einnehmen können. Das ist dann ja eventuell ein kleiner Trost.

Geheimnisvolles Grundstück

Wenn man, von der Landstraße kommend, den Beginn der Baumgasse im 3. Bezirk stadtauswärts entlangspaziert, wird einem nicht besonders viel auffallen. Natürlich das Eisgeschäft Bortolotti, dessen Schanigarten man ausweichen muss. Aber danach? Nichts Aufregendes bis zum Herz-Jesu Krankenhaus, der Rückseite des am „Victor-Braun-Platzes" (siehe Kapitel „Der Ring, der nie gelungen") gelegenen geistlichen Komplexes. Dort ist aktuell freilich durchaus etwas Besonderes zu sehen: blickt man an der Ecke die Rabengasse rechts hinauf, und ich meine hinauf wie Richtung Himmel, wird man mit einem seltsamen Vorbau des Hauses konfrontiert, der teilweise über die Straße ragt, getragen von mehreren massiven, geschwungenen Stützen. Und folgerichtig inzwischen auch als Motorradparkplatz dient. Aber das ist nicht der Hauptzweck der Balustrade. In Wirklichkeit handelt es sich um den sogenannten „Schwebenden OP-Saal", der bei seiner Errichtung einiges an Medienberichterstattung verursacht hat. Im Zuge des Umbaus des Herz-Jesu Krankenhauses wurde nämlich mangels räumlicher Alternativen der OP sozusagen auf den Balkon ausgelagert, um den Betrieb ungestört aufrechterhalten zu können. „OP-Raumzelle" lautet die offizielle Bezeichnung für den 70 Tonnen schweren Ausbau in 5 Metern Höhe. Und so operiert man im Herz-Jesu zurzeit quasi freischwebend über der Straße. Ein Ende dieser Notlösung ist für 2017 geplant, aber man sollte sich da nicht so sicher sein. Provisorien halten ja bekanntlich gerade Wien fast immer jahrzehntelang oder ewig (siehe „Furioses Wien“, Kapitel „Perfekte Ausrichtung“).

Doch zurück zum Beginn der Baumgasse. Um das Herz-Jesu Krankenhaus zu erreichen, sind wir auch am Haus Baumgasse Nummer 7 vorbeigegangen. Betonung auf *vorbei*gegangen. Kein Wunder, denn an dem Haus ist von außen auch nichts weiter auffällig. Bis darauf, dass es kein Haus ist. Wenn man nämlich genau schaut, wird rasch klar, dass hier irgendetwas ganz anders ist, als man es von einem Hauseingang in einem innerstädtischen Bezirk erwartet. Die Breite des „Hauses“ Nummer sieben kann man nämlich mit ausgestreckten Armen greifen, sie beträgt etwa einen Meter, wenig mehr als die Breite der Tür. Auch wenn man nach oben blickt: kein Haus zu finden. Zwischen den Häusern Nummer 5 und Nummer 9 befindet sich gerade mal ein dünner, fensterloser Streifen, in einem anderen Farbton, der bis zum zweiten Stock reicht. Das Haustor der Nummer 7 selbst ist eine eher billige weiße Holztür, mit Graffiti bemalt. Zu ihm führen zwei altersschwache und teilweise durch Wildwuchs begrünte Stufen. Das war's auch schon. Keine Klingel, kein Namensschild, nichts weiter.

Logisch, wenn man weiß, was sich hinter dieser Tür befindet, nämlich, nun, nichts. Einfach nur ein enger begrünter Streifen zwischen Hausmauern. Auch die scheinbare Hausfassade zur Baumgasse ist nichts weiter als eine Art Blende.

Früher konnte man das noch genauer sehen. Da gab es anstelle der Holztür ein Gittertor, durch das man auf das schmale Grundstück blicken konnte. Da dieses aber verwahrlost oder zumindest ungepflegt war (und ist), liegt die Vermutung nahe, dass der Besitzer angehalten wurde es aufzuräumen oder zumindest, dem Blick der Passanten zu verbergen. Letzteres geschah. Nun wäre es möglich, dass der schmale Gang eben eine Art Durchgang zum eigentlichen Grundstück darstellt. So etwas findet sich in Wien durchaus öfters, gar nicht weit von der Baumgasse entfernt, am Rochusmarkt, gibt es neben der Rochuskirche ein scheinbar ganz schmales Haus – das sich bei näherer Betrachtung aber einfach als schmaler, überdachter Zugang zu dem dahinterliegenden viel größeren Gebäude entpuppt.

Offenbar aber nicht so in der Baumgasse 7. Das Grundstück endet nach etwa 15 Metern, ragt damit etwas über die Rückseite der Häuser 5 und 9 hinaus, ist aber auch dort trotzdem nichts weiter als eine kleine verwachsene Parzelle von 20 bis 30 Quadratmetern Grundfläche. Von hinten betrachtet, handelt es sich um nichts weiter als einen schmalen Schlitz zwischen zwei Häuserfronten. Dennoch, die Baumgasse 7 ist ein eigenständiges Grundstück. Und hat dazu eine eigene Hausnummer. Und ist somit vermutlich das kleinste Grundstück mit eigener Hausnummer in

Vorn: ein dünnes, fensterloses Haus …?

Wien, mit an Sicherheit grenzender Wahrscheinlichkeit aber jedenfalls im dicht bebauten innerstädtischen Gebiet.

Hinten: ... 25 m² Grundstück mit Blende und eigener Hausnummer.

Warum das so ist, ist gar nicht so einfach herauszufinden. Aber schließlich erwies sich auch dieses Rätsel als lösbar. Das heutige Grundstück ist nur ein übergebliebener Teil eines früher viel größeren. Mit anderen Worten: das schmale Grasstück von heute war tatsächlich einst nur ein Zugang – zu zwei weiter dahinterliegenden Häusern. Die gibt es jetzt nicht mehr, ihren Platz haben andere Bauten, wie die Stiege 2 des Hauses Baumgasse 13 eingenommen. Als der Zugang noch ein Zugang war, hatte er sogar einen Namen: Essiggasse. Damit nicht genug, bietet der dürre Streifen noch eine Überraschung. Er bildet nämlich schon seit Beginn der Aufzeichnungen die Grenze zwischen den ehemaligen Vororten Landstraße und Erdberg. Ein lebendes Fossil sozusagen, ein historischer Ort von wenigen Quadratmetern.

Übersinnliches Wien

Wenn man bedenkt, was für eine lange Geschichte die Stadt Wien bereits hinter sich gebracht hat, und auch an die noch in reichem Maße vorhandenen alten Gebäuden, engen mittelalterlichen Gässchen, uralten Friedhöfe, alten Villen und Schlösser denkt, dann ist die Zahl der in Wien über das Paranormale erzählten Geschichten geradezu verschwindend gering.

Dazu gibt es drei Thesen.

Erstens, bei uns tut sich einfach weniger Spukhaftes. Dazu später mehr.

Zweitens, man spricht nicht darüber, weil man Angst hat, verspottet zu werden. Eine These, die vor allem von einer Autorenkollegin mit einschlägigen Publikationen, Gabriele Hasmann, vertreten wird. Gut möglich. Wer den beißenden Spott und gekonnt bösartigen Schmäh kennt, der in Wien so rennt, der wundert sich kaum, dass der Wiener gerne allzu Privates und vor allem Emotionales eher für sich behält. Warum also nicht auch Paranormales?

Aber es gibt noch eine dritte These, für die zwar auch nicht viel mehr Fundiertes spricht, die mir aber die sympathischste ist: Vielleicht liegt die auffallende Absenz von Spuk- und Monstergeschichten ja an der dem Wiener gegebenen engen und weitgehend gelassenen Beziehung zum Tod und dem, was vielleicht danach kommt. Vermutlich noch als Folge der mittelalterlichen Pestepidemien und diversen Kriege und Nöte hat der Wiener, zumindest in Kultur und Liedgut, traditionell den Tod immer vor Augen. Er sieht ihn auch nicht prinzipiell als Feind an, begegnet ihm vielmehr entweder mit Witz oder freundschaftlich auf Augenhöhe. Ja, er sieht ihn oft eher als Freund, als Erlöser, als guten Gevatter Tod („Brüderlein fein", „Hobellied").

Allzu viele Gedanken über das Danach macht sich der Wiener dann übrigens auch wieder nicht, sondern hat mehr Interesse, noch zuvor sein letztes Hab und Gut in Wein und süße Wiener Mädel zu investieren („East wauns aus wiad sei/mid ana Musi und an Wei/daun pock ma die siebn Zwetschkn ei/ehnda net" oder „Verkaufts mei Gwand, i fahr in Himmel"). Interessant auch, dass es zwar nicht an Liedern mangelt, die von Weib, Wein und Gesang (vor dem unvermeidlichen Ende) handeln, ein Wiener Liebeslied – außer als Liebeslied an die Stadt selbst – fällt mir spontan aber nicht ein.

Das Wiener Gemüt zeigt sich dem Unausweichlichen gegenüber eigentlich viel weniger katholisch-schuldbeladen, als buddhistisch-gleichmütig. So ist die Textzeile „Wenn der Herrgott net will, nutzt es gar nix/Schrei net rum, bleib schön stumm, sag es war nix/So war's immer, so bleibt es für ewige Zeit/Einmal ob'n, einmal unt, einmal Freud', einmal Leid" dem berühmten „Serenity Prayer" (auf Deutsch „Gelassenheitsgebet") nicht unähnlich: „God, grant me the serenity to accept the things I cannot change/

Courage to change the things I can/And wisdom to know the difference." Auf Deutsch in etwa: „Gott, gib mir die Gelassenheit, Dinge hinzunehmen, die ich nicht ändern kann/den Mut, Dinge zu ändern, die ich ändern kann/und die Weisheit, das eine von dem anderen zu unterscheiden." Wobei der Wiener in der Praxis eher zur ersten als zur zweiten Zeilen tendieren dürfte ... Aber immerhin hat er die Weisheit zu erkennen, dass der Tod zu den Dingen gehört, die er nicht ändern kann, weshalb er ihm eben eher gelassen gegenübersteht. Und da die meisten Spuk- und Horrorgeschichten irgendwas mit Tod zu tun haben, greift nach meiner These deren Reiz – außerhalb der Geisterbahn im Prater – bei uns eben nicht so besonders.

Abgesehen von ein paar mittelalterlichen Sagen mit teuflischer Beteiligung, wie die um den Bau des Stephansdomes, oder die Sache mit Basilisken, zeigen sich Geister, Monstren oder die Engerln, die offenbar aber ganz gern Urlaub in Wien machen, eher selten. Gerade einmal das Donauweibchen soll früher öfters und da meist helfend in Erscheinung getreten zu sein. Aber Spukhäuser in Wien? Verwunschene Friedhöfe? Geister in Schlössern und Palais? Eher Fehlanzeige. Im Gegensatz übrigens zum Rest von Österreich, wo so mancher Geist in so mancher Burg herumspuken soll.

Dabei würde es Wien an potenziellen, hochkarätigen Spukorten nicht mangeln. Etwa der berühmte Friedhof der Namenlosen, die letzte Ruhestätte der aus der Donau gefischten Opfer von Selbstmorden und möglicherweise

Morden. Auch die Weiten des Zentralfriedhofs würden sich als Spielwiese für so manche „Wilde Jagd" anbieten. Ebenso die diversen Grüfte, Karner und Ossuarien.

Auch in den weiträumigen, notorisch kalten, weil schwer zu heizenden Anwesen der Habsburger scheint es ausgesprochen wenig gespenstert zu haben. Mal abgesehen von der Weißen Frau, die zwischen dem 17. und 19. Jahrhundert immer wieder sowohl bei Tag als auch bei Nacht durch die Hofburg wandelnd gesichtet wurde. Man brachte sie auch prophetisch mit den Habsburgern in Verbindung. Trug sie weiße Handschuhe, stand eine dynastische Geburt bevor, trug sie aber schwarze, dann ein Todesfall in der Herrscherfamilie. Folgerichtig soll sie auch das letzte Mal drei Tage vor der Ermordung des Thronfolgers Franz Ferdinand in Sarajevo gesichtet worden sein.

Und dann gibt's da noch die Geschichte um eine spukende Frau in der Sommerresidenz Schönbrunn. Der letzte prominente Bericht stammt von der letzten österreichischen Kaisersgattin Zita. Bei einem Aufenthalt in Schönbrunn berichtete sie von einer im mariatheresianischen Stil gekleideten Dame, die sie jede Nacht durch eine Tapetentür kommend besuchte. Bei dem Geist, der auch dem Dienstpersonal bekannt war, und dem man immer respektvoll auswich, handelt es sich angeblich um die Gräfin Maria Wilhelmina von Auersperg, eine (quasi offizielle) Mätresse von Kaiser Franz I., dem Mann von Maria Theresia. Bei dessen Begräbnis soll die Kaiserin sogar zur Gräfin gesagt haben: „Wir haben beide einen schweren Verlust erlitten.“ Noch heute soll sie in der Nacht die Route Teepavillon bis zu ihrem Appartement im 2. Stock entlangwandeln. Ob aus Buße oder auf der Suche nach ihrem kaiserlichen Lover bleibt dahingestellt. Darüber hinaus gibt es noch den Bericht eines Fremdenführers, der öfters im Toiletteraum von Kaiserin Elisabeth zwei angeregt plaudernde, aber leicht über dem Boden schwebende Damen gesehen haben will, wobei die eine der anderen die Frisur machte. Nicht ganz unplausibel, war Sisi ihre Toilette doch mit das Wichtigste im Leben, wieso sollte sie also im Tod darauf verzichten. Allerdings spukt sie auch so bereits oft genug in Schönbrunn herum – von Häferln bis zur Postkarte.

Wie auch immer. Das war's schon. Darüber hinaus so gut wie nichts. Weder berühmte, ausgewalzte Spukgeschichten, wie in England, noch welche, die man sich hinter vorgehaltener Hand erzählt, wie in anderen abergläubischen Ländern. Seltsam, aber so steht es geschrieben.

Wenn man nun der These eins folgt, dass es einfach weniger paranormale Aktivitäten in Wien gibt, könnte sich gerade im Paranormalen eine Antwort finden. So gibt es ja die spirituelle Ansicht, dass Geister menschliche Seelen seien, die zwischen unserer und der nächsten Welt hängengeblieben wären, noch nicht bereit, ihre irdische Existenz aufzugeben. Daraus könnte man nun folgern, siehe auch These drei, dass die meisten Wiener mit dem Tod sowieso derart im Reinen wären, dass nur wenige versuchen, sich im Sterben an das Hier und Jetzt zu klammern.

Oder vielleicht versprechen sich sogar viele gleich von vornherein eine Verbesserung im nächsten Leben? Ein Indiz dafür könnte auch die traditionell hohe Selbstmordrate der Bundeshauptstadt sein. Hüstel.

Oder aber, analog zu These drei, es gibt sie doch reichlich, diese Spukphänomene. Sie werden aber mehrheitlich als ganz normal und natürlich angesehen und deswegen wird so wenig Aufhebens darum gemacht. Tatsächlich bemühen sich auch seit ein paar Jahren einige Buchautoren und grenzwissenschaftliche Forscher um eine größere Popularisierung der vergessenen Geister von Wien. Von allein scheinen die das nämlich nicht so wirklich hinzubekommen.

Auch – weithin bekannte – mystische Monumente, ganz besondere Kraftorte (abgesehen von den üblichen auf heidnischen Kraftplätzen errichteten Kirchen und Kapellen), Erscheinungen und Phänomene verschiedener Art sind in Wien spärlich gestreut. Sogar die paar Kornkreise, die in den neunziger Jahren nördlich des Bisambergs ein wenig Aufsehen erregt haben (einen hab ich besucht), waren mit an Sicherheit grenzender Wahrscheinlichkeit Fakes. Falls nicht das ganze Phänomen weltweit nur aus Fakes besteht, ohne jetzt auf diese Diskussion einzugehen.

Das alles vorausschickend gesagt habend – wenn auch nicht so verwunschen wie etwa Venedig, wo man hinter jeder Ecke den Eingang in eine andere Welt vermuten könnte, oder London, ein traditioneller Gespenster-Hotspot, ist auch Wien nicht ganz ohne esoterischen Bezug.

Wie etwa zwei Geschichten zwischen Esoterik und Wissenschaft zeigen, die beide mit prominenten Hauptfiguren und Magneten zu tun haben.

Da wäre zum einen der deutsche Arzt Franz-Anton Mesmer, der zwischen 1759 und 1778 in Wien lebte, wo er Schüler von Hofarzt van Swieten war und auch promovierte, und zwar mit der Dissertation „Einfluss der Gestirne auf den Menschen". Das ganze Lebenswerk Mesmers hier abzuhandeln würde zu weit führen. Jedenfalls entdeckte er schon in Wien das, was er „Animalischen Magnetismus" nannte, eine Kraft, die vor allem von Magneten ausgehen soll und den Menschen beeinflussen oder sogar heilen kann. Dr. Mesmer experimentierte in diesem Sinne mit und behandelte Menschen. Sein berühmtester Fall in Wien war die Behandlung der mit drei Jahren erblindeten und zu ihrer Zeit über die Grenzen berühmten jungen Pianistin Maria Therese von Paradis. Durch seine Behandlung begann sie im späten Teenageralter wieder – schemenhaft – zu sehen. Mesmer wurde jedoch sehr angefeindet und als die Eltern Marias Behandlung abbrachen, verfiel sie wieder in Blindheit. Auch das wurde als Beweis gegen Mesmer verwendet und er verließ schließlich Wien Richtung Paris. Auch hier blieb ihm die wissenschaftliche Anerkennung verwehrt, aber seine Behandlungen und Reisen brachten ihm bald den Status einer Art frühen Popstars ein. Spätere Forschungen konnten den Animalischen Magnetismus (obwohl heute noch in Eso-Kreisen beliebt) nicht nachweisen, führten

Mesmers Fluidum wird per Röhren und Schnüren verteilt

aber zu der Erkenntnis, dass Mesmers Erfolge auf der zu dieser Zeit weitgehend unbekannten Hypnose (hervorgerufen etwa durch das lange Anstarren glänzender Magnete) und Suggestionen beruhten. Was auch die Besserung der Blindheit der jungen Pianistin, die vermutlich psychosomatisch bedingt war, erklären würde. Immerhin kann Mesmer so indirekt die Wiederentdeckung der eigentlich seit der Urzeit und auch bei vielen Naturvölkern bekannten Methode der Trance beziehungsweise Hypnose durch die moderne Wissenschaft zugeschrieben werden. Und das im Prä-Freud'schen Wien. Unter anderem heißt hypnotisieren auf Englisch auch heute noch „to mesmerize".

Fast 100 Jahre später wurde in Wien noch einmal intensiv nach Magnetkräften geforscht. Und zwar durch den Baron Karl Ludwig von Reichenbach, auch bekannt als „Zauberer vom Cobenzl". An sich war der in Leipzig geborene Reichenbach Naturforscher, der seine Ergebnisse mehr als nur einmal durch die Verbindung mit der Industrie in klingende Münzen umzusetzen wusste. So erfand er bessere Öfen zur Holkohlegewinnung, ist der Entdecker des Paraffins und hat in der Meteoritenforschung deutliche Spuren hinterlassen, etwa in den von ihm kreierten Worten „Kamazit", „Taenit" und „Plessit" für drei Bestandteile von Eisenmeteoriten.

Jedenfalls verbrachte Reichenbach auch viel Zeit in Österreich und Wien, wo er das Schloss Cobenzl erwarb und teilweise zu seinem Labor umbaute. Anfangs lief alles ganz harmlos, bis 1844 ein junger Arzt Reichenbach um Hilfe bei einer seiner Patientinnen bat, die im Dunkeln Lichterscheinungen an Magneten und Kristallen wahrnahm und beim Kontakt mit dem Südpol eines Magneten unangenehme Empfindungen bekam. Reichenbach experimentierte daraufhin mit ihr und anderen „sensitiven" Personen, die unter anderem er (freiwillig) stundenlang in abgedunkelte Räume steckte, bis sie tatsächlich auf Magneten etc. Leuchterscheinungen wahrnahmen. Das und verschiedene Gerüchte um Verließe, Leichenfledderei und verbotene Menschenexperimente brachten ihm in der Bevölkerung bald den Ruf eines okkulten Magiers ein. Daher auch sein Beiname. Er durchforstete mit seinen Medien, denn er selbst konnte diese Phänomene zu seinem großen Bedauern nicht wahrnehmen, auch nachts Friedhöfe, wo diese ebenfalls diverse Erscheinungen über den Gräbern wahrnahmen, die Reichenbach allerdings, ganz Wissenschaftler, durch chemische Phänomene erklärte. Überhaupt sah Reichenbach sich bei seinen Experimenten nicht als Okkultist. Er war überzeugt, einer neuen Naturkraft „zwischen Magnetismus, Elektrizität und Wärme" auf der Spur zu sein, die er „das Od" nannte. Da andere Wissenschaftler seine Experimente aber in keinem einzigen Fall bestätigen konnten, wurden er und seine Forschungen immer weniger ernst genommen. Auch mehrere Vorträge vor der kaiserlichen Akademie der Wissenschaft brachten ihm keine Anerkennung und so zog er sich zunehmend verbittert zurück und kehrte schließlich nach Deutschland zurück, wo er 1869 im Alter von 81 Jahren starb. Bis heute hält die Wissenschaft nicht viel vom „Od", aber in esoterischen Kreisen wird ungebrochen daran festgehalten und Reichenbach von einigen als der „drittgrößte Wissenschafter seit dem Untergang von Atlantis" verehrt. Er hat auch in der Terminologie der Parapsychologie seine Spuren hinterlassen, denn auch heute noch werden Menschen, die verstärkt übersinnliche Phänomene wahrnehmen, als „Sensitive" bezeichnet.

Interessant in diesem Zusammenhang ist auch noch anzumerken, dass es in Wien durchaus eine Tradition der wissenschaftlichen Erforschung übersinnlicher Phänomene gibt. Die 1927 in Wien als „Österreichische Gesellschaft für Psychische Forschung" gegründete heutige „Österreichische Gesellschaft für Parapsychologie" ist mit der Uni Wien assoziiert, nach vielen Jahren an der TU mittlerweile im NIG (Neuen Institutsgebäude) untergebracht und Mitglied im „Verband der Wissenschaftlichen Gesellschaften Österreichs". Sie erforscht seit vielen Jahren nach streng wissenschaftlichen Kriterien die gesamte Bandbreite der Esoterik von Telepathie und Hellseherei über Spukphänomene bis zur Telekinese und viele andere Phänomene. Kurz, sie forscht im Bereich der „Anomalistik", wie das Gebiet seit einiger Zeit auch genannt wird. Dabei nimmt die Gesellschaft, selten von der Öffentlichkeit wahrgenommen, eine ausgesprochen undankbare Zwischenposition ein. Obwohl immer mehr psychologische und physikalische Forschungen vor allem im Gebiet der Quantenphysik darauf hinweisen, dass sich viele heutige Grenzphänomene durchaus eines Tages wissenschaftlich erklären lassen könnten, ist die Berührungsangst der etablierten Wissenschaft mit dem „Schmuddelkind" Parapsychologie nicht zuletzt auch hierzulande noch immer sehr groß. Da können sich die Parapsychologen mit noch mehr Wissenschaftlichkeit als so mancher Kollege abmühen, wie sie wollen, bei Erwähnung ihres Tätigkeitsfeldes werden sie doch in den meisten Fällen ein spöttisches Lächeln ernten. Auf der anderen Seite sind wissenschaftliche Forschungen wie statistische Wahrscheinlichkeiten zum Thema „Karten erraten" und andere akribische Versuchsanordnungen, die dann eine „50,5 prozentige Wahrscheinlichkeit für ein übersinnliches Phänomen" ergeben, leider in den meisten Fällen ... schnarchfad. Weshalb sich die am anderen Ende des Spektrums angesiedelten bunt gekleideten Eso-Jünger mit indianischen Totems, afrikanischen Ohrgehängen, Heiltattoos und Kraftsteinringen auch nicht so recht für die parapsychologische Wissenschaft erwärmen können.

An diesem eben erwähnten Ende des Spektrums findet sich übrigens auch immer wieder das Gerücht, in Wien gäbe es ein „Tor zur Hölle". Und zwar solle das bei der Mündung der Wien in den Donaukanal zu finden sein. Andere vermuteten dieses weiter drinnen im 3. Bezirk. Halloween 2011 wollten es die professionellen Stadtwanderer von „WildUrb" (www.wildurb.at) ganz genau wissen und ließen durch eine professionelle Hexe danach fahnden. Die wurde auch fündig und lokalisierte den Höllenschlund in der Rasumofskygasse vor dem gleichnamigen Palais. Einmal um die Ecke von der engsten Gasse Wiens (siehe „Furioses Wien", Kapitel „Wien, eng"). Wie auch immer, es gibt eine recht einleuchtende Theorie für dieses Geschichte: in dieser Gegend des 3. Bezirks befand sich nämlich früher die sogenannte Gänseweide, eine der ehemaligen Hinrichtungsstätten Wiens. Während man Am Tabor ertränkt, Am Hof gevierteilt, am Schweinemarkt (Lobkowitzplatz) erhängt, am Rabenstein (Schlickplatz) gerädert oder durch das Schwert gerichtet, am Wienerberg (bei der Spinnerin am Kreuz) durch diverse Methoden zu Tode gebracht und – historisch gesehen zuletzt –

im Landesgericht I bis 1950(!) erhängt wurde, wurde man auf der Gänseweide üblicherweise verbrannt. Nicht nur die einzige in Wien verbrannte „Hexe" (siehe weiter unten), sondern etwa auch Juden und Ketzer. Gelegentlich wurde auch ein Sodomit geköpft und verbrannt; so etwa 1661 ein Schneider aus Traiskirchen und 1672 ein Waldviertler samt seinem an der Tat beteiligten Pferd.

Wie auch immer, entweder kann man hier tatsächlich auch heute noch Echos der Bluttaten erspüren oder der Ort war schlicht und einfach ein Tor zur Hölle – auf Erden.

Apropos Eso-Jünger: Natürlich gibt es auch in Wien einschlägige esoterische Buchhandlungen, sei es alteingesessene wie die – doch einiges an Magie ausströmende – Buchhandlung 777 im engen Gässchengeflecht hinter St. Stephan, wie auch andere an Kaufstraßen gelegene Esoterikshops mit Heilsteinen und diversen östlichen Artikeln bis hin zu regelrechten Eso-Supermärkten mit Sonderangeboten in der Selbsthilfebücherecke. Die alle gibt es, aber es sind auch nicht besonders auffällig viele. Für sie gilt wohl, was in vieler Hinsicht für Wien gilt: Wien ist die denkmöglich kleinste Weltstadt, die eben von Punk bis Klassik, von S/M bis Abstinenzlergruppen und von Dutzenden Religionen bis zu hunderten Modeströmungen alles eben „ein bissi" zu bieten hat. Größere Millionenstädte haben für jedes erdenkliche Bedürfnis mehrere oder viele Locations, kleinere Städte dafür oft gar keine. In Wien dagegen findet sich alles, was man sich wünschen kann, zumindest einmal irgendwo.

Zum Beispiel ist der Umgang der Stadt Wien und der Wiener mit selbsternannten Hexen seit der letzten und einzigen Hexenverbrennung im Jahre 1583 – die Niederösterreicherin Elisabeth Plainacher wurde als Hexe in Wien verbrannt – eher gelassen. Wenn es neben den akzeptierten AstrologInnen, WunderheilerInnen eben auch bei uns sogenannte Wicca-Vereinigungen gibt, also Menschen, die der weißen Magie in Form von positiven Hexen anhängen, wird auch das einem gestandenen Wiener kaum mehr als ein Schulterzucken entlocken. Ebenso wenig, wie wenn er erfährt, dass eine Gesundheitsministerin sich ihr Büro nach Feng-Shui umbauen lässt (Zitat: „Der Zimmerbrunnen ist schon bestellt") oder mit Kristallenergie aufgeladenes Wasser trinkt. Wie im Fall des „bunten Vogels" Andrea Kdolsky der Regierung Gusenbauer, die wohl weniger wegen ihrer Reformen, sondern mehr aufgrund ihres Schweinsbratenkochbuchs und eines „Gräfin Mariza"-Gesangsauftritts bei einem Benefiz-Mulatschag in Erinnerung bleiben wird.

Auch als die Autorin Lotte Ingrisch, die sich ihre Begegnungen mit der Geisterwelt und besonders ihrem Ex-Mann, dem Komponisten Gottfried von Einem (Vater eines weiteren österreichischen Ministers), gerne mithilfe mehrerer Gläser Wein herbeitschechert, wie sie selbst sagt, einen Verein für bessere Kontakte zur Elfenwelt gründete, und in zahlreichen Medienauftritten davon erzählte, rührte sich kaum Gegenwind. Ganz im Gegensatz zu der Zeit der Uraufführung ihres Theaterstücks „Jesu Hochzeit", das vermeintlich friedliche Christen zu rabiaten Protestierern werden ließ und ihr sogar viele Jahre später eine Briefbombe des notorischen Attentäters Franz Fuchs, allerdings an eine alte Adresse, einbrachte.

Paranormales erregt hier wenige Gemüter – positiv wie negativ. Wenn also eine Bezirkspolitikerin etwa einen Esowanderweg durch ihren Bezirk errichten lässt, denkt sich der gestandene Wiener, sollte er davon erfahren oder ihn sogar ausprobieren, eben wie in vielen anderen Fälle auch einfach: „Nutzt's nix, schad's nix." Die Rede ist übrigens vom „Kraftpfad Wieden", einem notenschlüsselartigen Wanderweg durch den 4. Bezirk, der an durch eine Feng-Shui-Beraterin lokalisierten verschiedenen Kraftplätzen vorbei quer durch den Bezirk führt. Um

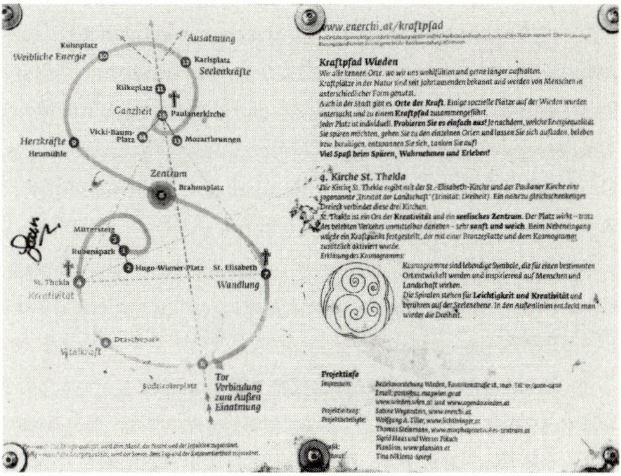

Kraftpfad Wieden

die Kraft auch richtig fließen zu lassen, ließ die Bezirksvorsteherin extra einige Bankerln verrücken und punktuell Blumen anpflanzen. Startplatz ist der Rubenspark, Endpunkt die Paulanerkirche. Wobei sich der Brahmsplatz als besonders stark strahlendes Yin-Zentrum erwiesen haben soll ... Die 15 Stationen führen von Rubenspark/Mittersteig/Hugo-Wiener-Platz bis St. Thekla (Kreativität). Dann zum Draschepark (Vitalkraft) zum Südtirolerplatz (Tor, Verbindung zum Außen, Einatmung). Weiter geht's zu St. Elisabeth (Wandlung), zum Brahmsplatz (Zentrum) und zur Heumühle (Herzkräfte). Es folgen Kühnplatz (Weibliche Energie), Karlsplatz/Rilkeplatz (Ausatmung, Seelenkräfte) und schließlich Mozartbrunnen/Vicki-Baum-Platz/Paulanerkirche (Ganzheit). Gut Schuh!

Ein thematisch ähnlicher aber etwas weniger großräumiger „Park der Ruhe und Kraft“ mit geomantisch angeordneten Steinen und Kraftplätzen befindet sich übrigens seit einiger Zeit auf dem Gelände des Zentralfriedhofs. Und zwar in der Gruppe 23, die über das Haupttor (Tor 2) oder das Tor 3 erreicht werden kann.

Fazit: In Wien tut sich nicht so besonders viel Übernatürliches. Und falls doch, dann fällt es einfach nicht weiter auf oder wird schulterzuckend als natürlich hingenommen. Einer der Fälle, wo sich der eher relaxte Umgang des Wieners mit der Welt um sich, im Gegensatz zu aufgeheizten Diskussionen oder allgemeiner Aufgeregtheit, durchaus als positiv erweist.

Wien, unterirdisch

Wien ist zwar nicht gerade mit einem Eisberg zu vergleichen, bei dem neun Zehntel seiner Gestalt unter der Wasseroberfläche zu finden sind, aber immerhin ... Auch in Wien befindet sich ein nicht unbeträchtlicher Teil interessanter Dinge nicht über oder auf (siehe „Furioses Wien", Kapitel „Flache Denkmäler"), sondern unterhalb der Erdoberfläche. Da wären zum einen die auch touristisch sattsam bekannten Krypten (ja, das ist die Mehrzahl von Krypta), Ossuarien (Mehrzahl von Ossuarium, Knochenaufbewahrung) und Grüfte unter den Kirchen vor allem der Innenstadt. Wie etwa die Kapuzinergruft, die immerhin in aktueller Belegung 135 Habsburger, eine Nicht-Habsburgerin (das Kindermädchen von Maria Theresia, die übrigens Kaisersgattin, und nicht wie immer wieder geschrieben Kaiserin war) sowie drei Herz(urn)en ohne Körper aufweist. Und einen leeren Sarg, für den – via Fernheilung der Venenerkrankung einer polnisch-brasilianischen Nonne – seliggesprochenen letzten österreichischen Kaiser, Karl I., dessen sterbliche Überreste die Inselbevölkerung von Madeira, wo er im Exil bis zu seinem Tod lebte, bislang aber leider nicht hergeben möchte. Auch eine Protestantin befindet sich in der Gruft, Henriette Alexandrine von Nassau-Weilburg, die unter anderen den Christbaum mit brennenden Kerzen in Wien einführte und im Gegensatz zu den meisten ihrer Mitbewohner hier mit eigener

Herzurne bestattet ist. Den protestantischen Körper konnte Franz I. den widerständigen Kapuzinern offenbar noch aufzwingen, aber die Aufbewahrung eines aus katholischer Sicht ungläubiges Herzens in der dazugehörigen -gruft konnten die dafür zuständigen Augustiner offenbar doch noch verhindern.

Ein anderer bekannter Anziehungspunkt sind natürlich die Katakomben unter der Stephanskirche. Wo, wenn man einmal an den Bischofsgräbern und den eingelegten Eingeweiden der Habsburger vorbei ist (bei der leiblichen Auferstehung am Tag des Jüngsten Gerichts haben die adeligen Körper einen ganz schönen Innenstadthatscher vor sich, bis sie wieder komplett sind), sich hunderte Meter von gruselkabinettähnlichen Räumen und Nischen aneinanderreihen. Unzählige, zum Teil nummerierte Knochen, (fast) ganze Skelette, zerbrochene Särge und eine praktische Rutsche ins Massengrab, weil die Zahl der Toten der Pestepidemien normale Bestattungen nicht mehr zuließ, machen einen Großteil der begehbaren und besichtigbaren Gewölbe aus. Hinter deren Wänden lagern noch mehr Tote, denn oft mauerte man eine Kammer, wenn sie voll war, einfach zu. In Zeiten des Hochbetriebs musste der Stephansdom wegen des überhandnehmenden Leichengeruchs sogar gelegentlich geschlossen werden. Auch viele Verstorbene, die nach Auflassung von innerstädtischen Friedhöfen hierher verlegt wurden, haben unter St. Stephan ihre letzte Ruhe gefunden. Die allerdings durch massenhaft vorbeiströmende Touristen Montag bis

Samstag zwei Mal und an Sonn- und Feiertagen einmal pro Tag gestört wird. Gruselfaktor: enorm. Dagegen kann jedenfalls das – ebenfalls unterirdische – Foltermuseum im Esterházypark neben dem Haus des Meeres einpacken.

Aber Wien hat unterirdisch auch noch viel anderes zu bieten. Etwa die römischen Ausgrabungen unter dem Hohen Markt, inklusive altrömischem Wohnzimmer mit Fußbodenheizung. Oder diejenigen in der Feuerwehrzentrale Am Hof, wo man einen Teil des altrömischen Abwasserkanals besichtigen kann. Obwohl dafür eigentlich weniger die MA 68 (Feuerwehr und Katastrophenschutz) als vielmehr die MA 30 (Kanalisation, 2009 als Magistratsunternehmung „Stadt Wien – Wien Kanal" ausgelagert) zuständig wäre. Egal.

Noch interessanter allerdings als die bekannten und begehbaren Gewölbe ist die oft mehrere Stockwerke in die Tiefe reichende Unterkellerung vieler Häuser Wiens. Wer sich davon ein Bild machen möchte, braucht nur den Zwölf-Apostelkeller im 1. Bezirk zu besuchen. Es empfiehlt sich, dabei einfach immer tiefer in die Gaststätte vorzudringen, bis man sich schließlich nach vier Treppen den dritten Keller(!) untereinander erreicht und sich damit gut 18 Meter unter der Erde befindet. Sollte man danach vorhaben, sich zu betrinken, empfiehlt sich freilich ein Platz im sogenannten „oberen Keller". Diese ausführliche und mehrfache Unterkellerung stellt in Wien bei Weitem keine Ausnahme dar, ist hier jedoch eine der wenigen auch wirklich zugänglichen. Auch im Lokal „Brezlgwölb“ gibt es drei bekannte, allerdings nicht zugängliche Keller übereinander. Tatsächlich sind die gesamte Innenstadt und auch viele andere Teile Wiens weitläufig unterkellert, eben oft auch mehrfach.

Das hat verschiedene historisch bedingte Gründe. In den Zeiten vor elektrischen Kühlanlagen oder auch nur mit Donaueis gekühlten Eisschränken, wurden vorwiegend tiefe Keller zu Kühl- und Lagerzwecken herangezogen. Besonders unter Wirtshäusern, Fleischereien etc. war das für den jeweiligen Betrieb wichtig. Aber auch viele private Vorratskeller wurden oft beachtlich tief angelegt. Ein weiterer Grund war der des Versteckens. Sei es von Hab und Gut, sei es von Leib und Leben etwa in den gar nicht so seltenen Kriegszeiten. Weshalb viele Zugänge zu den tieferen Kellerstöcken hinter Regalen und Scheinwänden oder verdeckten Bodenplatten verborgen waren. Und in manchen Fällen bis heute sind. Dazu kommen alte militärische Tunnel vor allem unter den früheren Basteien, die teilweise der Verlagerung von Truppen und teilweise auch der unterirdischen Bekämpfung ebenfalls unterirdisch tätiger Mineure des Feindes dienten. Einer dieser Tunnel hat auch eine entscheidende Mine bei der Türkenbelagerung Wiens entschärft und so vermutlich die Erstürmung der Stadt vor dem Eingreifen des Entsatzheers verhindert. Der letzte Grund war die Schaffung von Fluchtmöglichkeiten. Die Verbindung fast aller Keller der Innenstadt auf mehreren Ebenen ist weit mehr als ein oft gehörtes Gerücht. Nicht nur für die Habsburger, für die es verbürgte Fluchttunnel in mehrere Richtungen aus der Hofburg heraus gab, konnten diese unterirdischen Labyrinthe als letzter Ausweg dienen. Es gibt sogar Hinweise darauf, dass es unter der Hofburg Anlagen für die Notflutung dieser Fluchttunnel gab, falls es dem Feind gelingen sollte, sie umgekehrt für den Angriff zu verwenden ...

Diese Kellersysteme, vor allem unter dem 1. Bezirk, wurden erst in jüngster Geschichte noch einmal ausführlich genutzt. Im Zweiten Weltkrieg dienten sie als Luftschutzbunker. Dafür wurden alte Durchbrüche verwendet und neue geschaffen. Davon zeugen auch heute noch viele erhaltene Hinweispfeile, Aufschriften, affichierte Zettel, Graffiti (wie etwa Hinweispfeile) oder auch Metallschleusen unter den Straßen Wiens. Allerdings wurden gerade diese Wege nach dem Krieg weitgehend geschlossen, oft zugemauert, manchmal nur mit mörtellosen Ziegeln verschlossen oder auch nur verrammelt oder verborgen. Weshalb das Durchwandern der Wiener Innenstadt mehrere Meter unter der Erde heute nicht mehr so einfach ist. Aber auch nicht unmöglich. So gibt es etwa aktuelle Berichte von Wiener Tunnelfans, die etwa die Strecke Kleeblattgasse-Schulerstraße durchwandert haben wollen. Teilweise weiten sich diese Keller in vielen Bezirken auch zu gewaltigen Hallen und Räumen aus. Das weiß man, da es immer wieder Interesse von Grundbesitzern und Pächtern gibt, diese Räume etwa für Veranstaltungen zu nutzen, was jedoch meist an den nicht vorhandenen Fluchtwegen scheitert. Die Zahl dieser heute ungenutzten unterirdischen Hallen unter Wien dürfte aber in die Hunderte gehen.

Für die Verbauung und auch das weitgehende Verschweigen dieser alten Wege gibt es einige gute Gründe. Zum einen liegen diese Keller meist unter Häusern, die sich in Privatbesitz befinden. Und es kann weder im Interesse von Besitzern noch Mietern, die ja fast immer Teile ihres Besitzes im Keller lagern, liegen, wenn diese Räumlichkeiten für jeden leicht zugänglich wären. Von neugierigen Kellertouristen bis hin zu den sprichwörtlichen „ausländischen“ Diebesbanden. Kellerabteile werden ja auch so oft genug geknackt. Auch der Sicherheitsaspekt, was den Zugang zum Haus selbst betrifft, muss hier natürlich berücksichtigt werden. Ein weiterer Punkt ist die ander-

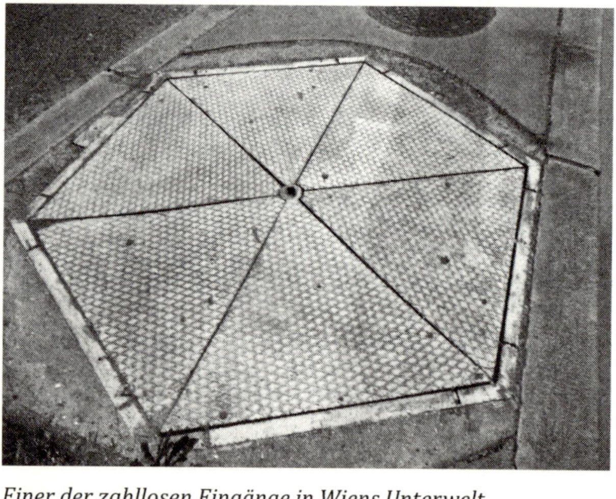

Einer der zahllosen Eingänge in Wiens Unterwelt

weitige Nutzung des Untergrunds: heutzutage verlaufen hier ja eine Fülle von Rohren und Kabel. Von Strom über Gas und Wasser bis Fernwärme und Kanalisation oder auch TV-, Telefon- und Glasfaserkabeln, ein Gewirr von Versorgungsnetzen durchzieht den großstädtischen Boden. Und weder für die lückenlose Versorgung der Bevölkerung noch für (theoretische) terroristische Angriffe kann es von Vorteil sein, wenn der Zugang zu dieser wichtigen Welt allzu leicht möglich wäre. Der letzte Grund ist auch nicht ganz unwichtig: viele dieser Tunnel und Verbindungsgänge werden nämlich ... auch heute noch genutzt. Insbesondere zwischen Ministerien und Behörden der Innenstadt gibt es noch viele aktive Verbindungen, weshalb Hobby-Höhlenforscher auch des Öfteren auf verschlossene Eisentüren mit Aufschriften wie „Zugang Ministerium XY“ stoßen. Der breiteren Öffentlichkeit wurde einer dieser Tunnel bekannt, als Bundeskanzler Schüssel seine Regierungsmannschaft im Jahr 2000 durch einen sterilen, gefängnisähnlichen Tunnel zwischen Bundeskanzleramt und Bundespräsidentenbüro zur Angelobung führte. Um den gegen die ÖVP-FPÖ-Koalition protestierenden Menschen auf dem Ballhausplatz auszuweichen. Gerade im Zuge der Enthüllungen der letzten Jahren für manche der Ex-Minister vielleicht ein geradezu prophetisches Omen.

Wie auch immer, aus all den genannten Gründen gibt die Stadtverwaltung nur ausgesprochen ungern Auskünfte über die Vernetzungen unter der Stadt. Obwohl auch die oft geäußerte Schutzbehauptung, man besitze gar keine ausführlichen Aufzeichnungen über die alten Tunnel, durchaus auch der Wahrheit entsprechen könnte. Als etwa im Jahr 2009 plötzlich eine sechs Meter hohe Pappel am Ring in einem fünf Meter tiefen Loch fast verschwand, konnte zwar gemutmaßt werden, dass es sich bei diesem Hohlraum um den Teil eines alten unterirdischen Gangs gehandelt haben könnte, Aufzeichnungen darüber gab es aber keine und auch Nachforschungen vor Ort konnten keine noch vorhandenen Anschlüsse feststellen.

Dennoch, die Tunnel existieren. Teilweise eingebrochen, vermauert, verborgen ... aber sie existieren. Und sie überwinden oft erstaunliche Strecken. So ist auch eine Verbindung zwischen Innenstadt (möglicherweise sogar Hofburg) und einem ausgedehnten Tunnelsystem im Bereich Schlachthausgasse (dazu gleich), das bis zum Arsenal führt(e), mehr als nur ein Gerücht. Es gibt etwa immer wieder Straßeneinbrüche auf dem Rennweg, die diesen Tunneln zugeschrieben werden. Angeblich soll es sich dabei sogar um eine Schienenstrecke (zur Transport des Kaisers und von Truppen im Angriffsfall) gehandelt haben. Die immer wieder auftauchende Geschichte von einem Tunnel von der Hofburg nach Schönbrunn dagegen scheint eher allzu lebhafter Fantasie entsprungen zu sein. Für einen Tunnel Arsenal-Schönbrunn dagegen gibt es wiederum mehr Hinweise und Belege ... In all diesen Fällen sprechen wir übrigens von Distanzen in mehreren Kilometern Länge.

Bleiben wir aber gleich bei der Unterwelt unter der Schlachthausgasse zwischen Arsenal und Baumgasse. Diese ist bekannt und wird auch nicht geleugnet, obwohl sie heute großteils verschlossen und verschüttet ist (zumindest ihre Zugänge) und der Zutritt verboten wurde. Mit gutem Grund, handelt es sich bei dieser unterirdischen Welt nicht einfach nur um Stollen, sondern wir sprechen hier von möglichen (ehemaligen?) Giftgaslagerstätten sowie zwei unterirdischen Nazi-Fabriken.

Denn wie auch in vielen anderen Städten und Regionen des Dritten Reiches wurden wesentliche Anlagen der Nationalsozialisten in Wien in Zeiten des Luftkriegs ebenfalls unter die Erde verlegt. Weithin bekannt ist etwa eine solche Fabrik im Umkreis von Wien: in der Seegrotte der Hinterbrühl gab es zu Kriegszeiten eine geheime Flugzeugfabrik. Ihre Geschichte ist gut dokumentiert und es gibt dazu auch eine Ausstellung vor Ort.

Anders die Waffenfabriken und Anlagen unter den Füßen der Wiener. Die Gegend Schlachthausgasse/Schlachthof St. Marx/Arsenal beherbergte angeblich sogar zwei, von denen zumindest die Namen bekannt sind: die eine trug den Namen „Maria", die andere den Namen „Alice", betrieben von der Firma Siemens (& Halske). Eine davon oder auch eine weitere Anlage taucht in Dokumenten unter dem Decknamen „Schwechat" auf. Ein weiterer Hinweis auf die Bunkeranlage in der Nähe der Schlachthausgasse, denn die Ursprünge der späteren Bunkeranlage waren unterirdische Bierlager der Firma Schwechater an dieser Stelle. Heute ist die Anlage von der sogenannten „Stadtwildnis“ bewachsen, die eine Art kleines Biotop mitten im dicht bebauten innerstädtischen Bereich darstellt (siehe „Furioses Wien“, Kapitel „Natürlich Wien“). Wenn man allerdings durch die auähnlichen Dickichte dieser Stadtwildnis über Hunderte ausgehöhlte Schneckenpanzer hinwegklettert, finden sich auch zwei gar nicht in eine solche Aulandschaft passende Betonklötze: Lüftungsschächte der darunter liegenden Bunkeranlage. Diese ist von weiter unten – die Stadtwildnis liegt mehrere Meter über dem umliegenden Gelände an einem ehemaligen sogenannten „Donauprallhang“ – durch ein großes Metalltor zugänglich, das aber heute verschlossen ist. Frühere „Besucher“ berichten aber von mehreren Etagen beziehungsweise Geschoßen und ausgedehnten Tunnelsystemen. Und auch von einem Panzer, der dort offenbar noch in der Nachkriegszeit das ehemalige Geheimgelände „bewachte“.

Um noch einmal auf den Anfang des Kapitels zu sprechen zu kommen, diese eher bekannteren Untergründe Wiens dürften wirklich nur so etwas wie die Spitze eines Eisbergs an ehemaligen geheimen militärischen Unterwelten darstellen. Deren Erforschung zwar sicher spannend wäre, die aber aus schon genannten guten Gründen nicht bis kaum erfolgt.

Allerdings sind viele dieser alten Gänge auch aus anderen Gründen obsolet. Denn es gibt ausreichend neue! So sind fast alle Rohrleitungen des Wiener Fernwärmenetzes (einen Plan kann man leicht im Internet finden) begehbar. Zwar hauptsächlich für Wartungsarbeiten, aber diese Gänge erlauben ganz leicht, auf modernen Wegen keine unerheblichen Strecken kreuz- und quer durch die Stadt unterirdisch zurückzulegen. Weshalb es an neuralgischen Punkten auch regelmäßig Polizeistreifen unter der Erde gibt. Dazu kommt die verzweigte Kanalisation mit unterirdischen Flüssen, Gängen, Räumen und Kavernen, die ja bereits von Tausenden Teilnehmern der „Dritten Mann"-Touren mit eigenen Augen besichtigt wurden. Wenn auch nur ein verschwindend geringer Teil davon.

Weitere und weitläufige Tunnelstrecken stellen natürlich auch die heutigen U-Bahnen samt Entlüftungsschächten und Fluchtwegen dar. Aber auch die Strecken der alltäglich genützten öffentlichen Transportwege sind weitläufiger und (zum Teil) geheimnisumwitterter als so mancher Fahrgast ahnt. Denn es gibt weitere, komplett ausgebaute Tunnel, die als Verbindungslinien zwischen verschiedenen Strecken dienen, aber nicht für den öffentlichen Verkehr genutzt werden! So verläuft das sogenannte „Gleis 0" von der U1-Station am Stephansplatz hinunter zur U4-Station Rossauer Lände. Auf diesem Weg gelangen die U1-Züge zur Betreuung am „Bahnhof Wasserleitungswiese" neben der U-Bahnstation Spittelau. Denn im normalen Netzplan schneidet die U1 die U4 zwar zwei Mal, hat aber keine offiziell sichtbare Verbindung. Ein anderer „unbekannter" Gleistunnel zweigt beim Stadtpark von der U3 ab, verläuft unter dem Ring und mündet unbemerkt von den Passagieren vor der Station Schwedenplatz in die U4. Aber auch zwischen der U3 in Erdberg und der U2 (zwischen Donaumarina und Stadion) gibt es einen solchen befahrbaren „Geheimtunnel“, in diesem Fall sogar unter dem Donaukanal durch! Hier werden etwa bei großen Sportereignissen weitere Garnituren „nachgeliefert“. Und diese drei sind bei Weitem nicht die einzigen unbekannten unterirdischen U-Bahnstrecken, was, wenn man der Sache nachspürt, irgendwie durchaus einen Touch von geheim bis gruselig hat. Und dann gibt es auch noch aufgelassene oder nicht ganz ausgebaute Röhren wie die zwischen Längenfeldgasse und Margaretengürtel – ein nicht genutzter Anschluss der U4 an die Ustrab-(also Unterpflasterstraßenbahnen-)Strecke.

Auch über einigen der U-Bahnstrecken gibt es nach deren Errichtung in offener Bauweise nicht wieder zugeschüttete Hohlräume, zum Teil begehbare, ausgedehnte Strecken. So kann man etwa über der U-Bahn, aber unter der Mariahilferstraße bequem vom Westbahnhof (wo es auch zwei riesige unterirdische Hallen, vorsorglich errichtet für eine angedachte Unterfahrung des Gürtels) bis zum Museumsquartier spazieren. Ähnliches gilt auch für die U1-Strecke unter der Favoritenstraße.

Manche der Tunnel und unterirdischen Strecken dienen auch heute noch militärischen Zwecken. So können Bundespräsident, Bundeskanzler und anderen Regierungsmitglieder durch einen (verborgenen) Gang in die

U3-Station Herrengasse gelangen, von wo sie ein U3-Zug rasch zur Stiftskaserne bringen kann, unter der die Strecke der U3 ja verläuft. Angeblich wurde beim Bau sogar die Streckenführung der U3 extra aus diesem Grund verändert. Ein als „Abstellgleis" bezeichneter Tunnel führt (wie leicht aus einschlägigen Nachschlagewerken ersichtlich) von der Station Volkstheater bis zum Kasernenhof. Der dortige Flakturm in der Stiftskaserne gilt nämlich als „Ausweichssitz" der Regierung im Ernstfall, sollte sie den außerhalb von Wien gelegenen (streng geheimen, aber allgemein bekannten) Regierungsbunker in St. Johann im Pongau nicht mehr erreichen können. Eine ebenfalls immer wieder kolportierte eigene, geheime U-Bahnstation unter dem Ballhausplatz dürfte dagegen ins Reich der Fantasie gehören. Wozu auch? Der Gang zur Station Herrengasse, angeblich hinter Werbetafeln verborgen, würde im Notfall ja völlig ausreichen.

Tatsache ist jedenfalls, dass sich unter dem Straßenniveau von Wien so einiges abspielt. Auch Jahrzehnte nachdem der letzte „Strotter" (Wiens ehemalige Untergrundmenschen; siehe „Furioses Wien", Kapitel „Kanalratten") der Kanalisation den Rücken gewiesen hat. Übrigens beschäftigten sich mehrere recht lebendige Communities und Hobby-Keller- und Tunnelforscher mit den vielen alten und auch neuen Geheimnissen der Wiener Unterwelt. Wer sich dafür interessiert: sie sind im Internet leicht zu finden. Links verrate ich hier aber nicht, denn Geheimnisse aller Art spürt man ja am besten selber auf.

Sprechende Wappen

Das Wappen Wiens – weißes Kreuz auf rotem Grund – ist jedem Wiener bekannt. Prangt es doch noch auf vielen Amtshäusern und auf offiziellen Dokumenten. Und auch noch auf einigen Fahrzeugen und Haltestellen der Wiener Linien, obwohl diese eigentlich schon seit 1999 ausgelagert sind und dieses Wappen gar nicht mehr offiziell führen dürften, weshalb es seit 2007 ein neues Signet ohne Stadtkreuz gibt (siehe „Furioses Wien", Kapitel „Rauten-Geschichte(n)"). Ganz genau handelt es sich dabei um das Kleine Wappen. Wenn's ganz besonders offiziell wird, steht dieses nicht allein, sondern hat auch noch einen „schwarz-gelb bewehrten" Adler rundherum. Neben dem Bundesland Wien führt übrigens nur noch Kärnten ein Großes Wappen ... So weit, so gut.

Kaum aber jemand kennt die Wappen der *Wiener Bezirke*, weder die von weit entfernten noch kaum das des eigenen Bezirks. Was hauptsächlich daran liegt, dass sie sehr selten zu sehen sind. Und dass sie, wenn man sie dann doch einmal zu Gesicht bekommt, aufgrund ihrer verwirrenden und redundanten Fleckerlteppichhaftigkeit kaum einen bleibenden Eindruck auf Netzhaut und im Hirn hinterlassen (können).

Letzterer Umstand ist der Geschichte geschuldet. Wien besteht ja bekanntlich aus einer Vielzahl früherer Siedlungen, außerhalb des Rings Vorstädte und außerhalb des Gürtels beziehungsweise damaligen Linienwalls Vororte genannt. Das lernt man hier sogar in der Volksschule. In einer geschätzten Hochrechnung über die Jahrhunderte bin ich einmal auf gut 200 Orte (bis hin zu immer wieder von der Donau weggespülten Fischerdörfern) gekommen. Viele dieser ehemaligen Orte und Gemeinden haben ihre Namen in Form von Bezirksnamen, Teilen von Bezirken oder auch nur Straßenbezeichnungen hinterlassen. Manche aber, vor allem die größeren, bedeutenderen und bis heute gebräuchlichen, auch auf den heutigen Bezirkswappen. Genauer gesagt stehen die alten Wappen auf den jeweils neuen, stark verkleinert neben- und übereinander, ja, teilweise sogar überlappend. Das ergibt auf den ersten Blick also ein Gewirr aus Blau, Rot, Grün und Gelb, das in vielen Fällen nur schwer auseinanderzuhalten ist. Außer dem 1. Bezirk besitzt nur noch der 23. Bezirk ein einheitliches Wappen. Sogar der kleine 20. besteht aus zweien. Und dann spannt sich die Palette der breiten Front der 3–6 Mini-Wappen bis hin zum Sieger des Bewerbes, Döbling, dessen Wappen aus neun älteren Schilden besteht. Insgesamt finden sich auf den 23 Wiener Bezirkswappen gezählte 90(!) Wappenschilde.

Dem an Geschichte wie auch an Kuriosem Interessierten bietet sich hier eine Menge Stoff dar. Besonders was „sprechende Wappen" betrifft, die nicht irgendetwas Mythisches oder Heiliges zeigen, sondern den Ortsnamen mehr oder weniger kreativ bildlich darstellen. Ein näherer Blick lohnt sich. Deswegen nun ein Überblick über alle 23 Bezirke, beziehungsweise deren lokalpatriotische Symbole.

Noch eine kurze Anmerkung zuvor: in der Wappenkunde wird Weiß mit Silber und Gelb mit Gold gleichgesetzt. Darauf habe ich nicht immer Rücksicht genommen, die Farbnamen kommen daher im Folgenden manchmal, nun, etwas bunt gemischt daher.

Wien I – Innere Stadt

Eh klar, das bewusste weiße Kreuz auf rotem Grund, denn schließlich war ja der 1. Bezirk früher einmal ganz Wien. Belegt ist das Wappen seit dem 13. Jahrhundert und geht vermutlich auf die „Sturmfahnen“ von Kaiser Rudolf I. zurück. Bei Weitem kein originelles oder originäres Symbol, man denke nur an die Schweiz. Für viele weitere Schilde mit weißem Kreuz auf rotem Grund konsultieren Sie bitte einen Heraldiker Ihrer Wahl oder ein einschlägiges Nachschlagewerk.

Einziger gelegentlicher Unterschied zum Stadtwappen: das der Stadt läuft meist spitz zu, das des Bezirks rund.

Wien II – Leopoldstadt

Ab hier wird's bunt. Denn bereits dieses Schild ist dreigeteilt. Die **Leopoldstadt** repräsentiert wenig überraschend der Hl. Leopold. Und die zwei anderen? Kaum jemand wird gach einen der Namen der zwei weiteren Siedlungen des heutigen 2. Bezirks nennen können. Die lauten nämlich **Jägerzeile** und **Zwischenbrücken**. Erstere (wegen des ehemaligen Jagdreviers Prater) wird durch einen Hubertushirsch – der mit dem Kreuz zwischen dem Geweih, siehe Jägermeisterflaschen – repräsentiert. Das Wappen des zweiteren zeigt eine Art reduzierte EU-Flagge mit roter Mick-Jagger-Zunge in der Mitte. Klingt hip, ist aber was Kirchenhistorisches: der Heilige Johannes Nepomuk, der Patron der Brücken, wurde 1393 in der Moldau ertränkt, weil er das Beichtgeheimnis nicht verraten wollte. An der Stelle, an der er unterging, erschien dann ein Heiligenschein mit fünf Sternen. Die Zunge symbolisiert einerseits, dass er nix verraten hat, und außerdem soll sie 1719 bei der Öffnung seines Grabes noch unverwest gewesen sein. Hui, katholische Heiligengeschichten, nie um einen Gruselfaktor verlegen.

Wien III – Landstraße

Auch dreigeteilt. Wieder ein Heiliger, diesmal Nikolaus (ja, der vom Nikolo), steht für den Teil **Landstraße**. Der Ort **Weißgerber** heißt nach den hier früher anzutreffenden (Rot- und Weiß-)Gerbern. Diese wurden von der Stadt aus flussabwärts angesiedelt, weil die Ausübung ihres Handwerks eine erhebliche Geruchsbelästigung und Wasserverschmutzung verursachte. Das Wappen zeigt das Zunftwappen, nämlich zwei weiße Böcke. Ob diese wegen ihrer Farbe oder ihrer anderen, eher olfaktorischen Eigenschaften zum Zunfttier wurden, wage ich hier jetzt nicht zu raten. Zuletzt das Wappen für **Erdberg**. Das erste „sprechende" Wappen und noch dazu eines, das ein schönes Wortspiel, eine absichtliche Beschönigung oder zumindest einen schönen Irrtum als Wappen zementiert: es zeigt nämlich eine Erdbeere. Das ist zwar hübsch, aber falsch, weil der Name „Erdberg" tatsächlich von einer aufgeschütteten Befestigungsanlage, also einer „Erdburg" her stammt. Die heut an dieser Stelle stehende Pizzeria „Terra Monte" kommt dem Namen da schon viel näher.

Wien IV – Wieden

So klein der Bezirk, so dennoch dreigeteilt das Wappen. Auch wenn kaum jemand je etwas von den Ortsteilen **Schaumbergergrund** und **Hungelbrunnen** gehört haben dürfte. Für **Wieden** steht eine Weide, was wieder eine sprechende Fehlinterpretation der eigentlichen Bedeutung „widum" = Pfarrhof, Pfarrpfründe darstellt. Schaumburgergrund stammt namentlich von den Grafen von Schaunberg (Oberösterreich), die dieses Land einst an die Familie Starhemberg vererbten, weshalb das Wappen jetzt aus dem derer von Starhemberg besteht. Und zwar jener Teil, der den Südturm des Stephansdoms umgeben von einer Mauer zeigt – eine Referenz auf Graf Ernst Rüdiger von Starhemberg, den Stadtkommandanten Wiens bei der zweiten Türkenbelagerung. Dazu noch eine Krone mit ein paar hübschen

Pfauenfedern. Der auch noch zum Wappen des Grafen dazugehörende kleine Panther, der triumphierend einen abgeschlagenen Türkenkopf in den Pfoten hochhält, fehlt allerdings auf dem Bezirkswappen. Was die heute hier lebenden Türken, am Beginn der Margaretenstraße befand und befindet sich immerhin eines der ersten, wenn nicht das erste Kebab-Geschäft Wiens, freuen dürfte. Das Wappen von Hungelbrunnen zeigt schließlich drei Heilige (Petrus, Florian und Leopold) beim Plausch um einen Brunnen versammelt. Letzterer schwebend. Also, Leopold, nicht der Brunnen.

Wien V – Margareten

Margareten, auch kein Bezirksriese, trumpft gleich mit sechs Wappen auf: in der Mitte, als „Herzschild" für **Margareten**, die Heilige Margarete samt von ihr besiegtem Drachen (eigentlich der Teufel). Wohl deshalb war auch die Werbefigur des ehemaligen Margaretenbades ein lustiger Drache namens ... Margarete. O tempora, o mores. **Nikolsdorf** wird wieder von einem Heiligen Nikolaus (ein anderer als im 3. Bezirk) repräsentiert. **Matzleinsdorf** durch den Heiligen Florian (wenn der nicht gerade mit einem Pläuschen am Wiedener Wappen beschäftigt ist.) Dann **Hundsturm**, wieder sprechend, mit, nun, einem Hund in einem Turm. Vermutlich aufgrund eines ehemaligen Jagdschlosses mit „Rüdenhaus" für Jagdhunde. **Laurenzergrund** wird durch den Heiligen Laurenz vertreten, oder besser gesagt durch ein geschmackvolles Symbol für ihn: ein schwarzer Rost auf dem der Heilige einst zu Tode gefoltert wurde ... **Reinprechtsdorf** schließlich wird durch einen Reichsapfel symbolisiert, wieso ist aber eher eine fade Geschichte und soll deswegen hier nicht erzählt werden.

Wien VI – Mariahilf

Das Mariahilfer Wappen besteht aus fünf Teilen. Das Wappen von **Mariahilf**, wieder als Herzschild, zeigt Erstaunliches: ein braunes Schiff mit silbernem Segel und Doppeladler-Fahne am Heck auf wogenden Wellen. Das hat aber nichts mit dem Wienfluss zu tun, an dem Mariahilf liegt, sondern gemahnt an den Sieg über die Türken durch Don Juan de Austria in der Seeschlacht bei Lepanto – weil er die damals angeblich mithilfe der Muttergottes Maria gewonnen hat. Maria-Hilf, alles klar? Der Heilige Theobald erscheint hier gleich zwei Mal: einmal für **Laimgrube** im Mönchsgewand und einmal für **Windmühle** im Bischofsornat. Außerdem teilen sich beide Theobalds eine Kirche (tatsächlich sind es zwei), die aus dem Herzschild zu wachsen scheint. Ein optische Täuschung, aber eine hübsche. **Magdalenengrund** zeigt Magdalena vor dem gekreuzigten Jesus kniend. Als Einziges ohne Heiligenbezug kommt das Wappen von **Gumpendorf** aus: drei heraldische Lilien in

Schwarz-Gold beziehungsweise Gold-Schwarz, schlicht das Wappen der früher Gumpendorf beherrschenden Familie Muschinger.

Wien VII – Neubau

Neubau bringt es auf fünf Wappenteile. Diesmal weniger Heilige und mehr Symbolik. In der Mitte zeigt das Wappen von **Neubau** ein Kreuz über einem Halbmond, wenig überraschend wohl als Siegeszeichen über die belagernden Türken zu deuten. Vier goldene Lerchen (also Vögel) symbolisieren sprechend **Altlerchenfeld**. Aber kein Bezirkswappen, also kaum eins ohne Heiligen. Bis jetzt: der Bezirksteil **St. Ulrich** wird, ta-ta, vom Heiligen Ulrich repräsentiert. Er hält einen Fisch in der Hand, weil sich einst ein von ihm an einen Boten verschenktes Stück Gänsebraten am nächsten Tag in einen Fisch verwandelt haben soll. Ah ja. Das Wappen von **Schottenfeld** zeigt einen Schotten auf einem Feld. Also nicht mit Dudelsack und Rock, sondern einen mönchischen Schottenpriester. **Spittelbergs** Wappen ist ebenfalls sprechend, aber nur wenn man sich historisch auskennt: es zeigt einen (reichlich spitzen) Berg plus Reichsapfel und Heilig-Geist-Taube. Und diese beiden Symbole stammen aus dem Siegel des früher dort befundenem Bürgerspitals. Spittelberg, Spital-Berg? Klingelt's? Ja, dachte ich mir.

Wien VIII – Josefstadt

Auch Wiens kleinster Bezirk protzt mit nicht weniger als fünf Wappen. In der Mitte für **Josefstadt**, no na, der Heilige Josef samt Jesuskind und ein paar Blermeln. Vier goldene Lerchen (also wieder Vögel) symbolisieren sprechend **Altlerchenfeld**. Hoppla, hatten wir das nicht schon? Tja, das Lerchenfeld war groß (siehe später Neulerchenfeld) und ein Teil ragte eben einst auch über die heutigen Bezirksgrenzen hinaus. Gleich daneben noch ein Vogel: diesmal die Elster für **Alsergrund**. Obwohl von der Als, auch Alserbach oder Alsterbach(sic!) genannt, herstammend, doch ein sprachlicher Irrtum. Der Name der Als stammt nämlich entweder von keltisch „Alt" = (kühler) Bach oder von altslawisch „Olša" = Erle. In diesem Fall dann also doch Baum statt Vogel. **Breitenfeld** wird von Maria vertreten, auf einer Wolke über dem breiten Feld schwebend. **Strozzigrund** zeigt sich in schlichtem Rot-Weiß-Rot. Das Wappen der Grafen Strozzi.

Wien IX – Alsergrund

Mit sieben Wappen vorerst Bezirkskaiser. Und das bislang zoologischste. Für die Mitte und den Ort **Alservorstadt** gilt: es war die Elster und nicht die Lerche. Mehr dazu siehe Josefstadt. **Michelbeuern** zeigt zwei silberne Flügel – nämlich die von Erzengel Michael. Hat aber nicht direkt etwas mit dem dortigen AKH zu tun. **Himmelpfortgrund** zeigt ein Lamm samt Kreuzfahne. **Thurygrund** einen üppig garnierten Johannes den Täufer: mit Kirche, „Kreuzpanier“ und Lamm. Besonders abenteuerlich das Wappen von **Lichtental**: es zeigt ein schluchtähnliches tiefes, gähnenden Tal mit je einem bedenklich nahe am Schluchtenrand errichteten Haus – mit Ausgang zum Abgrund. Darüber strahlt die Sonne. Licht(en)-Tal – sprechender geht's kaum. **Althangrund** wird wie Jägerzeile im Zweiten durch einen schreitenden Jägermeister, pardon, Hubertushirsch vertreten. Der scheint von **Roßau** her zu kommen, dargestellt durch eine Wiese mit Weiden. Auch ohne mögliche Rösser also immerhin vier verschiedenen Viecher für Alsergrund.

Wien X – Favoriten

Originell angeordnet, weil zum ersten Mal in der Liste mit schrägen Wappengrenzen, und auch recht abwechslungsreich sind die sechs Ortswappen des 10. Bezirks. Wobei, eigentlich sind es nur fünf. Denn im Gegensatz zu den anderen Bezirken thront hier über den Schilden der alten fünf Ortsteile ein eigenes, neues für den ganzen Bezirk als Herzschild. Eigentlich eine Doppelung. Wenn man schon ein neues Bezirkswappen hat, wieso dann das neue gemeinsam mit ein paar alten zusammen als (offizielles) Bezirkswappen verwenden?

Aber gut, jedem (Bezirk) das Seine. Im Zentrum steht also für den **Bezirk Favoriten** die Spinnerin am Kreuz, genauer gesagt deren Denkmal. Links oben dann das Wappen für den alten Ort **Favoriten**, repräsentiert nicht nur durch einen Heiligen, nein, durch einen Apostel gar. Um genau zu sein, ist es der Heilige Johannes Evangelist plus Buch, Schreibfeder und Adler, allesamt auf einem weißen Kreuz mit rotem Grund. **Oberlaa** zeigt einen Brunnen mit zwei Fontänen, was an dieser Stelle nicht näher erklärt werden müssen sollte. Ein roter Ringofen (vulgo Fabriksschlot) symbolisiert **Rothneusiedl** und die Industrie Favoritens. Für **Unterlaa** prangt ein rotes Malteserkreuz auf goldenem Grund. **Inzersdorf-Stadt** schließlich wird durch ein Wappen mit einer Weintraube (nicht eine *Weinbeere*, sondern, naja, also eine Traube von Weinbeeren eben) vertreten, aus der drei goldene Ähren ragen. Aufgrund der agrarischen Vergangenheit im (ursprünglichen) „Imicinesdorf". Heute liegt dort immerhin noch der Groß(grün)markt der Stadt.

Wien XI – Simmering

Ebenfalls sehr hübsch dreigeteilt vereint das Wappen von Simmering ein großes silbernes „S" für **Simmering** (immerhin als „Simmaningen" schon 1028 erstmals urkundlich erwähnt). Ein schwarzes, springendes Einhorn steht für **Kaiserebersdorf**, ein Wappenteil des ehemaligen Besitzes der

Herren von Hintperg-Ebersdorf, bevor Maximilian I. das Gebiet zu Jagdzwecken eintauschte. Deswegen auch Kaiser-Ebersdorf. Außerdem zwei gekreuzte Fische für **Albern**. Meiner Ansicht nach eines der simpelsten aber auch elegantesten Bezirkswappen.

Wien XII – Meidling

Das Wappen von Meidling hat fünf Teile und ist eines der wenigen, das kein eigenes Wappen für den Bezirksnamen gebenden Ort hat. Sondern zwei. **Untermeidling** bildet das „Herzschild" mit der einzigen Nackerten auf Wiens Wappen. Nämlich eine aus den Wellen ragende Nymphe mit Kannen in den Händen (ein Hinweis auf dortige Heilquellen). Das ist aber erst die Hälfte des Wappens: der untere Teil zeigt einen 1853 an der Wien gefundenen römischen (eben diesen Flussnymphen gewidmeten) Altarstein samt schwarzer Inschrift „NYMPHIS SACRUM T. VETTIUS RUFUS LEG. XIII.", die dessen Spender nun auch magistratisch verewigt. **Obermeidling** zeigt sich – ebenfalls zweigeteilt – weniger spektakulär mit einem Mühlrad und einem grünen Berg samt Mond und Stern. Das soll symbolisch auf den ehemaligen Weinbau am heutigen Grünen Berg hinweisen. Meditieren Sie darüber, wenn Sie diesen das nächste Mal bergan- oder bergabstauen. **Gaudenzdorf** wird wieder durch den Heiligen Johannes Nepomuk vertreten, diesmal als ganzer, in schickem Kirchen-Outfit mit Talar, Chorrock, Barett und Stola auf einer Brücke stehend – in seiner Eigenschaft als Schutzpatron gegen Überschwemmungen. **Hetzendorf** bringt das schwarze Kreuz des Deutschen Ritterordens in den Schildermix von Meidling und Wien. Keine diebische Elster, sondern ein schwarzer Rabe mit goldenem Ring steht für **Altmannsdorf**. Das Symbol des Heiligen Oswald, beruhend wiederum auf einer reichlich wilden Geschichte rund um getötete Brautwerber und einen latein sprechenden Raben. Tja.

Wien XIII – Hietzing

Wiederum sehr abwechslungsreich: die fünf Wappen von Hietzing. In der Mitte wenig überraschend, das von **Hietzing**, welches eine Legende darstellt, die auch den Namen des Ortes lieferte: Einst sollen nämlich vier von Türken an einen Baum gekettete Bauern durch eine zuvor von Hietzingern im Baum versteckte Marienstatue befreit worden sein, die den Männern dann auch noch den guten Rat „Hütet euch!“ als „Hüats enk!“ mitgab. Klingeling? Genau. **Hacking** zeigt sich sprechend durch drei Hacken, Ende der Geschichte. **St. Veit** wird durch den namensgebenden Heiligen Vitus repräsentiert, dargestellt bei seiner Marter in einem Kessel voll siedendem Öl stehend. Der Palmzweig in seiner Hand ist aber vermutlich symbolisch und nicht als Kochzutat zu verstehen. **Speising** überrascht mit einem ... Pelikan. Der drei im Nest hockende Jungtiere füttert, also „speist", wieder eine Fehldeutung des Ortsnamens. Und zwar mit seinem eigenem Blut. Aua. Der Pelikan ist nach meinen Recherchen in diesem Zusammenhang übrigens ein Symbol für Jesus. Wie und warum erzähl ich jetzt aber nicht, einfach weil ich boshaft bin. **Lainz** schickt auch ein Tier ins Rennen, und zwar jenen Hubertushirsch, dem wir hier nun schon zum dritten Mal begegnen.

Wien XIV – Penzing

Weiter nach Penzing mit weiteren fünf Wappen oder eigentlich Siegeln der ehemaligen Gemeinden. **Penzing** wieder in der Mitte, mit einem Reichsapfel und zwei Buchstaben „DP", was weder für Deutsche Post noch Dom Pérignon oder Displaced Person steht, sondern schlicht für „Dorf Penzing". **Breitensee** featuret wieder einmal den Heiligen Laurenz, diesmal in Person aber dennoch mitsamt seinem Bratrost (siehe Margareten). Daneben **Hütteldorf,** schlicht vertreten durch eine Stadtmauer samt Tor. Eine Maria mit Kind steht für **Hadersdorf**. **Baumgarten** schließlich spricht wieder via Wappen zu uns: mit einem (Nadel-)Baum offenbar in einem Garten hinter einem geflochtenen Zaun.

Wien XV – Rudolfsheim-Fünfhaus

In Fünfhaus zeigt man zwar nicht fünf, aber immerhin vier besonders originell angeordnete Wappen, da die oberen drei eher wie Flaggen aussehen. Außerdem sind es in Wirklichkeit doch fünf ... Auflösung am Schluss. **Rustendorf** leitet jedenfalls seinen Namen von Ulmen (Mitteldeutsch Rusten) ab und zeigt daher ... einen silbernen Mond auf blauem Grund, wieso auch immer. **Reindorf** präsentiert sich mit einer goldenen Traube und zwei Blättern. **Braunhirschen** schickt einen braunen Hirsch(en) ins Rennen – ein Hurra für sprechende Wappen! Diesmal übrigens ohne (Jägermeister-)Kreuz. Zuunterst das Wappen von **Fünfhaus**, ein prächtig aufgerüsteter Erzengel Michael beim Meucheln eines Drachen. Und dieses Wappen war – fast ident – auch das Wappen des Bezirksteils **Sechshaus**, ging aber später in dieses über. Womit auch das Geheimnis des fünften, unsichtbaren Bonus-Wappens gelüftet ist.

Wien XVI – Ottakring

Ottakring ist zwar von der Größe her nicht gerade gering, hat aber – wie sonst nur Brigittenau – bloß zwei Wappen zu bieten. Das Schild für **Ottakring** zeigt originellerweise ein Schild, mit weißem Kreuz, das auf einem „Dreiberg“ steht und mit einer Bischofsmütze geschmückt ist. **Neulerchenfeld** bietet drei – offenbar von Altlerchenfeld eingeflogene – *Lerchen*, die, weil der Namensursprung nicht ganz gesichert ist, sicherheitshalber eine *Lärche* umflattern. Manche Wappen sprechen eben sogar doppelt.

Wien XVII – Hernals

Drei Teile. In der Mitte oben wieder eine Traube, diesmal blau (goldene hatten wir ja schon zwei Mal), als Wappen für **Hernals**. Öfter mal etwas Neues: **Dornbach** wird durch zwei gekreuzte Schlüssel vertreten. Und zwar genau genommen Kirchenschlüssel. **Neuwaldegg** zeigt sich wie im echten Leben auch in seinem Wappen beschaulich und auch ein bissi sprechend: ein Häuschen zwischen zwei Bäumen und daran vorbei ein Spazierweg. Könnte auch eine Postkarte der Gegend sein.

Wien XVIII – Währing

Wieder vier Schilde und wieder eher innovativ weil strahlenförmig vom Herzschild in der Mitte unterteilt. In der Mitte für **Währing** wieder einmal der Heilige Laurenz, diesmal prächtig gewandet, aber natürlich dennoch mit Rost. Da auch er diesmal einen Palmzweig trägt, gewinnt meine schon beim Heiligen Vitus geäußerte Überlegung zum Thema Heilige mit Kräuterwürzung scheinbar doch etwas Gewicht. Für **Pötzleinsdorf** geht einer neuer Heiliger ins Rennen: der Hl. Ägidius mit Buch, Reh und Nadelbaum. **Gersthof** bringt erneut den Heiligen Johannes Nepomuk ins Spiel, diesmal auf einer Wiese, statt auf einer Brücke, und auch mit Palmzweig. Hm. Mal nachschauen. Ach nein, das war ja der Ertränkte, da nützt ein Palmblatt zu Würzzwecken wenig. Noch mal nachschlagen. Ah, das Blatt ist offenbar ein katholisches Insiderzeichen für zu Tode gemarterte Heilige, Stichwort „Märtyrerpalme". Wieder was gelernt. Das Wappen für **Weinhaus** (einer der hübschesten ehemaligen Ortsnamen, wie ich finde) schließlich zeigt wenig überraschend zwei Winzer mit goldener Weintraube.

Wien XIX – Döbling

And we have a winner! Döbling hat mit neun Schilden das absolute Maximum auf sein Wappen gepackt. Also, was Wien betrifft, die großen Kaiserwappen bestanden einst aus 50 kleinen Schilden. Aber, Döbling, neun – immerhin! Auch hier wird der Bezirksname zwei Mal repräsentiert: **Oberdöbling** stellt das, leicht hervorgehobene, mittlere Schild. Wieder einmal eine goldene Weintraube. Gleich darüber **Unterdöbling** mit einem so richtig klassisch nach Heiligem aussehenden Heiligen, nämlich dem Hl. Jakob. **Heiligenstadt** bietet dafür keinen Heiligen, aber immerhin einen Engel, und zwar Erzengel Michael als „Seelenwäger". Das

Nußdorfer Wappen spricht zu uns: drei goldenen Nüsse wachsen auf Ästen eines Baums, obwohl bei näherer Betrachtung eher eines Baumstumpfs. Keinen gerösteten oder in Öl gesiedeten Heiligen aber dafür einen mit Pfeilen durchbohrten bietet das Wappen von **Salmannsdorf**. Erraten, es ist der Heilige Sebastian, der diese Marter bekanntlich überlebte. Was ihm aber auch wenig nutzte, wurde er doch bald darauf zu Tode gepeitscht oder geprügelt ... Kein Wunder, dass der Gute heute als eine Ikone in S/M-Kreisen gilt. Friedlicher präsentiert sich der Heilige Rochus für **Neustift am Walde**, im Reisegewand eines Pilgers plus zu seinen Füßen liegendem Hund. Der Heilige Severin steht für **Sievering**, auch wenn beide Namen etymologisch nicht verwandt sind. Für **Kahlenbergdorf** reitet der Heilige Georg ein und erlegt einen Drachen. Und **Grinzing** wird, wenig verwunderlich, durch einen Mann vertreten, der eine Weitraube in der Hand hält. Obwohl, ein gefülltes Glas oder, noch besser, ein Alkotest-Blasrohr der Polizei wäre fast noch passender gewesen.

Wien XX – Brigittenau

Und zum zweiten Mal zwei. Oben thront dominant ein silberfarbener Anker auf blauem Grund, teilt doch, **Brigittenau**, der zwanzigste Wiener Gemeindebezirk, als mutige Nordspitze der Leopoldstadtinsel, die munter plätschernden, schiffbaren Wasser der Donau in Hauptstrom und Donaukanal! Hoppla, Verzeihung, kleiner Abrutscher in Zwischenkriegsrhetorik. Das untere Drittel des Wappens jedenfalls ist noch einmal **Zwischenbrücken** gewidmet, noch einmal Nepomuk, noch einmal Zunge, siehe Leopoldstadt.

Wien XXI – Floridsdorf

Auch Floridsdorf zeigt, wie andere, historisch neuere Bezirke, eine dynamische Anordnung seiner sechs Schilde. Der namengebende Bezirksteil **Floridsdorf** selbst zeigt auf seinem Wappen sprechend – und um die Ecke sogar korrekt – eine Blumenvase. Weil „flos, floris" auf Latein Blume bedeutet. Und weil der Name von einem Propst Floridus herstammt, dessen Name auf Latein so viel wie „blühend, beblümt" bedeutet, kann man diese Interpretation durchaus gelten lassen. In der Hand eines (einer?) Unbekannten prangen für **Leopoldau*** drei goldenen Ähren. Nun klar, man ist ja auch schon dem Marchfeld nahe. **Stammersdorf** präsentiert sich durch vier Bäume (einmal Laub, dreimal Nadel), was zwar eine sprechende Fehldeutung des Ortsnamens (*Stamm*-ersdorf) darstellt, aber dem botanischen Gesamt-

* **Leopoldau:** Die Donau mäanderte vor ihrer Regulierung tatsächlich bis weit ins Marchfeld hinein. So waren auch einige der heutigen weit vom Fluss entfernt gelegene Ortsteile von Floridsdorf und Donaustadt früher Fischerdörfer. Darauf verweist auch die lückenlose nachgewiesene Besiedelung von Leopoldau bis in die Jungsteinzeit. Der ursprüngliche Ortsplan zeigt, dass die Siedlung um einen mittlerweile verlandeten Donauarm, heute der Anger, errichtet wurde. Und einer der früheren Namen des Ortes bedeutet „Schwanendorf".

eindruck des Floridsdorfer Wappens durchaus dient. Die „Jungfrau von Loretto", Maria mit Kind ganz in Gold, ist das Wappen von **Jedlesee**. **Strebersdorf** führt einen beflaggten Turm im Schilde, wieso auch immer. Gekreuzten Schlüsseln und gekreuzten Fischen sind wir bereits begegnet, **Großjedlersdorf** überrascht aber mit ... zwei gekreuzten Mehlsäcken. Nochmal ein agrarischer Verweis.

Wien XXII – Donaustadt

Auch recht rural das achtteilige Wappen von Donaustadt. Und eine Ausnahme unter allen Wiener Bezirkswappen – keines der Donaustädter Teilwappen symbolisiert einen Ort dieses Namens. Vielmehr handelt es sich hier um acht ehemalige Marchfeldgemeinden. **Stadlau** macht sympathisch den sprechenden Anfang mit einem – Stadel in der Au. Also eine Holzhütte auf grüner Wiese. Das Schild von **Aspern** zeigt ebenfalls sprechend eine Espe. Und wie bei Stadlau sind diese Interpretationen des Namens diesmal auch tatsächlich korrekt. Und so geht's weiter. Das Wappen von **Süßenbrunn** zeigt einen goldenen Ziehbrunnen, wenn auch der erste Namensteil weder auf „ziehen" noch auf Süß-Wasser (was sonst?) verweist, sondern auf einen ehemaligen Grundherren namens Süß oder Siehs. **Breitenlee** zeigt im Anschluss jedoch keinen breiten Lee (Dammhügel eines Donauarms). Ja, bis hierher in den hohen Norden ist die Donau einst oft gesprudelt. Tatsächlich zeigt das Wappen vor einem rotweißroten Hintergrund scheinbar eine auf einen Bischofsstab montierte eckige Flasche, korrekt aber einen „Bindenschild mit Krummstab und Beutelbuch mit goldenen Schnallen". Beutelbuch bitte selbst nachschlagen, die Erklärung würde den Platz hier sprengen. Wie schon für Kahlenbergdorf reitet der Heilige Georg auch für **Kagran** ein, samt Drachen am Spieß. Kagran** ist übrigens sprachlich vom entlang der Donau öfters in verschiedenen Formen anzutreffenden „Wagram" abgeleitet – und das heißt so viel wie „Wogenrand" der Donau. **Eßling** läßt sich durch einen Adlerflügel vertreten, auch wenn das Wappen mehr nach einem Indianer mit Federkrone aussieht. Er stammt jedenfalls aus dem Wappen der Herren von Eslarn. Der Name des Orts verweist übrigens entweder auf den Familienamen der Ezelaren – oder hat etwas mit Eseln zu tun. Das Wappen von **Kaisermühlen** zeigt eine auf ein

** **Kagran:** Die Erfinder des spöttisch werbewirksamen Namens „Copa Cagrana", für die sommerliche Flaniermeile an der Neuen Donau, beziehen sich in ihrem Wortspiel natürlich auf den Ortsteil „Copacabana" der brasilianischen Stadt Rio de Jainero. Tatsächlich weist dessen Namensherkunft aber witzigerweise noch andere als nur wortspielerische Bezüge zur Lage und Funktion des Kagraner Ufers auf. Denn die brasilianische Copacabana ist gar nicht, wie viele glauben, nach einer Küste (denn Küste heißt auf Portugiesisch wie Spanisch „costa" nicht „copa") benannt, sondern nach dem Wallfahrtsort Copacabana in Bolivien am Titicacasee. Und dieser Name stammt entweder von „quta qawana", in der indigenen Aymara-Sprache heißt das „Sicht auf den See", oder aber von „Kotakawana", einer nach der Mythologie der Anden im Titicacasee hausenden, androgynen Liebes-Gottheit à la Venus, die von einem Hofstaat von Meermenschen, Meerjungfrauen und Wassermännern umgeben ist. Und beides passt – egal ob jetzt Seeblick oder über Donauweibchen und Donauwassermann zu den mehrheitlich von Venus angetriebenen Besuchern – ja durchaus zum Vergnügungsviertel Kagrans.

Boot montierte Schiffsmühle (hochwasserunabhängig funktionstüchtig), die einst alle Eigentum des Kaisers waren, daher auch der Name. Das Wappen von **Hirschstetten** zeigt, wenig überraschend, einen springenden Hirsch. Allerdings spricht das Wappen hier nicht wahr: Denn der Ursprung des alten Namens des Gebiets „Hertensteten" hat zwar mehrere mögliche Herkünfte (unter anderem „herenter", ein altes Wort für „diesseits" [der Donau]), aber keine davon hat etwas mit Hirschen zu tun.

Wien XXIII – Liesing

Das Wappen des jüngsten Wiener Gemeindebezirks (siehe Kapitel „Die 26 Bezirke von Wien") stellt eine Ausnahme dar. Zwar besteht auch dieser Bezirk aus acht ehemaligen Dörfern (**Atzgersdorf, Erlaa, Inzersdorf, Kalksburg, Liesing, Mauer, Rodaun** und **Siebenhirten**), da aber Liesing schon 1905 zur Stadt erhoben wurde, wurde dessen Stadtwappen zu dem des ganzen Bezirks. Das einzige Solo-Wappen neben der Inneren Stadt. Es zeigt links oben einen goldenen Winzerkorb und rechts oben eine Art goldenes Zahnrad, genauer das Kammrad einer Mühle. Diese Symbole verweisen auf Industrie und Landwirtschaft (Weinbau) der Gegend. Darunter prangt ein riesiger Haselnusszweig mit drei Blättern und vier Früchten – auf flammendem Boden. Dazu die Jahreszahl 1683, ein deutlicher Verweis also auf die Türkenbelagerung.

Hoch hinaus

Quizfrage: Wo ist in Wien eine zweite komplette Liliputbahn-Anlage in Betrieb? Den meisten Wienern wird die Antwort nicht spontan einfallen, aber sie werden bei der Nennung der Lösung in ein verstehendes oder sogar nostalgisches „Ah ja!“ verfallen. Die Bahn verkehrt nämlich allsommerlich, wie schon seit 48 Jahren, im ... Donaupark. Auf dem für die WiG (Wiener internationale Gartenschau) 1964 von der Mülldeponie zum Vorzeigepark umgestalteten Gelände errichtet, ist die „Donauparkbahn“ mit 3,4 Kilometern Strecke und drei Haltestellen eines der wenigen Relikte der belebteren Zeit des Parks und heute noch in Funktion. Auch wenn der Donaupark – und vor allem seine vielen Spielplätze – nach wie vor viel genutzt wird, die meisten ehemaligen Attraktionen wie eine Sesselliftanlage, ein Seerestaurant, eine Seebühne, ein Turmgewächshaus, ein Kino sowie eine Bücherei (inklusive „Lesehügeln“) existieren heute nur noch rudimentär oder als Relikte. Mit einer weiteren Ausnahme, noch ein klein wenig auffälliger und aktiver als die Bahn: der Donauturm.

Der Donauturm, ein häufig vergessenes (Platz 9 der Besucherstatistik Wiens) und trotz seiner Dimensionen oft übersehenes Wahrzeichen der Stadt, wurde nach zweijähriger Bauzeit ebenfalls 1964 eröffnet und steht und dreht sich bis heute. Also, korrekterweise dreht sich nicht der Turm aber das Restaurant an seiner Spitze, wo man bei einem durchschnittlich langen (aber etwas teureren) Essen einmal den 360°-Rundblick auf die Stadt und die weitere Umgebung genießen kann, ohne dafür aufstehen zu müssen. Auch das Springen vom Turm war und ist sehr populär, früher durch Selbstmörder, heute durch Bungee-Jumper (Absprunghöhe: 152 Meter).

Der Donauturm wird ebenfalls für eine andere sportliche Aktivität genutzt, nämlich dem „Treppenlauf". Der erste startete 1992 und ging über 776 Stufen. Heute umfasst der Lauf 779 Stufen (im Sport zählt jedes Detail) und die Rekorde liegen um die 3:30 Minuten bei den Herren und 4 Minuten bei den Damen. Solche Läufe sind auch in anderen hohen Gebäuden, pardon, hoch in Mode, aber dazu später.

Übrigens bildete der Donauturm auch im Laufe der Zeit den gesellschaftlichen, beziehungsweise wirtschaftlichen Wandel Wiens in Übergröße ab. Jahrzehntelang prangte nämlich als oberes Werbelogo ein gigantisches Z (für Zentralsparkasse) über dem uneingeschränkt roten Wien. Und als unteres Logo das stilisierte Glas der Schwechater Brauerei. Doch die Zeiten änderten sich und so folgte auf das Z- das Bank Austria-Logo und heute die Welle der UniCredit. Kein Wunder sind doch die Z/BA/UC zu 95% und Schwechater (bzw. die heutige Brau Union) zu 5% seit damals bis heute durch alle Besitzerwechsel der Mutterfirmen die Besitzer des Turms. Das untere Logo wird mittlerweile aber vermietet und zeigte lange eine Werbung für A1 und jetzt für Uniqua.

Mit 252 Metern ist der der „World Federation of Great Towers“ angehörende Donauturm nach wie vor nicht nur das höchste Gebäude Wiens sondern ganz Österreichs. Wenn auch nicht der höchste Punkt Wiens, denn der ist einem Wiener Berg vorbehalten. Nein, nicht dem Kahlenberg (484 m), auch nicht dem Leopoldsberg (425 m) und natürlich schon gar nicht dem Bisamberg (340 m). Wanderer haben's bei dieser Quizfrage leichter: der Hermannskogel (542 m) ist die höchste Bergspitze Wiens, der höchste unter immerhin sieben 500ern. Was die Gebäude anlangt, ist aber der Turm an der Donau, der vielleicht deswegen etwas seltener im Präsenzgedächtnis der Wiener auftaucht, weil er, nachdem er nicht zum Kreuzungspunkt mit der Nordautobahn wurde (siehe Kapitel „Unsichtbare Kilometer“), doch etwas abgelegen dasteht, aber nach wie vor der höchste erbaute Punkt in Wien. Was Türme betrifft, gefolgt vom Kamin des Kraftwerks Simmering (200 m), dem Sendemast Kahlenberg (165 m) und dem Funkturm Arsenal (155 m), der vor allem als Sendeanlage bedeutend ist und Wien telekommunikativ und auch televisionär mit der Welt verbindet. Auch in der Liste der 22 Wiener Bauwerke über 100 m: der „Praterturm Wien“ mit 117 m das höchste Karussell der Welt.

Doch am Donauturm, beziehungsweise dessen Status, wird gesägt. Zwar ragt das aktuell höchste Haus Wiens, der Millenium-Tower, „nur“ 202 Meter in die Wiener Luft, aber an einem neuen, höheren Wolkenkratzer (laut internationaler Definition ein Haus über 100 Meter) wird bereits gebastelt. Auf der Donau City, vor dem Vienna International

Das noch höchste Gebäude Österreichs: Donauturm nebst Donaupark-Liliputbahn

Center, wächst derzeit der DC1 Tower heran, der mit 220 Meter ab 2013 das höchste Hochhaus Wiens sein wird – samt Antenne mit 248 Meter auch das höchste Gebäude Österreichs. Nach dessen Fertigstellung soll auch noch ein DC2 Tower errichtet werden (168 m ohne Mast).

Aber mit den Hochhäusern (uneinheitlich definiert mit einer Höhe von ca. über 25 Meter) in Wien ist das so eine Sache. Lange gab es überhaupt keine, wenn man einmal vom Ringturm (73 m) absieht. Und vom Matzleinsdorfer Hochhaus (68 m). Und später dem AKH (85 m). Dann kam jedoch die UNO-City (127 m) und brach in gewisser Weise den (Kagraner) Damm. Wie – recht hohe – Schwammerln wuchern inzwischen eine ganze Reihe von Hoch- und Höchsthäusern (Hochaus Neue Donau 150 m, IZD-Tower 130 m, Andromeda-Tower 113 m, Florido-Tower 113 m, Mischek-Tower 110 m ...) um diese herum. Weil: in der Gruppe fallen sie offenbar weniger auf und wo Tauben sind, fliegen Tauben zu, ohne das das weiter stört.

Wie die Schwammerln: Wolkenkratzerwildwuchs rund um die UNO-City

Denn eigentlich läuft das in Wien so: der „Ensembleschutz" regiert und der Wiener schätzt deutliche Veränderungen seiner Umgebung und insbesondere Skyline nicht besonders. In den meisten Fällen auch völlig in Ordnung, verleiht doch gerade diese leicht altertümliche Einheitlichkeit Wien seinen besonderen Reiz und lockt Touristen an. Im Notfall droht mittlerweile auch schon der Entzug des Status des Weltkulturerbes (der Innenstadt), um zu hochtrabende Pläne wie jüngst beim Hochausprojekt Bahnhof Wien Mitte zu vereiteln. Immerhin ragt dort ja bereits das Justizzentrum (alias „City Tower Vienna") 87 Meter in die Höhe. Nur manchmal finde ich den konservativen Widerstand schade, etwa im Fall des nie errichteten Leseturms (67 m, dann herablizitiert auf 57 m) im Museumsquartier.

Doch zurück zu existierenden Hochhäusern oder besser Wolkenkratzern. Wiener haben nicht prinzipiell etwas gegen solche, sie sollen nur bitte nicht allzu sehr auffallen oder am besten dort stehen, wo sie niemanden stören. Bestes Beispiel: die Twin Towers, korrekt der „Vienna Twin Tower", am Wienerberg, die mit ihren 138 m beziehungsweise 127 m mittlerweile den von Süden her Kommenden schon von Weitem in der gemütlichen Weltstadt Wien willkommen heißen. Auch hier gibt es übrigens schon einen ganzen Haufen Hochhausableger. Der Tower (eigentlich die Towers), immerhin inklusive Kinocenter, zwei Bankfilialen, Post, Supermarkt, Bäckerei, Friseur, Textilreinigung Trafik und Fitnesscenter sowie der ganze umgebende „Business

Park Vienna" stehen allerdings nicht ganz kritiklos an ihrem Platz. Sie wurden nämlich, wie manche vermuten, als Prestigeprojekt am öffentlichen Wiener Verkehrskonzept vorbei errichtet. Obwohl ein großes Büro- und Freizeitzentrum, sind sie nämlich nur mangelhaft bis erbärmlich an die Öffis angeschlossen. Sämtliche U-Bahnen fahren weit an ihnen vorbei und gerade ein paar magere Buslinien führen zu den Türmen. Zumindest die Endstation der seit ein paar Jahren neu geführten Straßenbahnlinie 1 Richtung Innenstadt liegt nicht allzu weit entfernt. Im Tower werden übrigens ebenfalls Stiegenläufe (hier „Run up & Get down" genannt) abgehalten: 34 Stockwerke/680 Stufen in der Kategorie „Iron Challenge" werden in etwa 3 Minuten (von Extremsportlern und Superathleten), 23 Stockwerke in der Kategorie „Classic" in etwa 2 Minuten (Normalläufer 6 Minuten) überwunden. Oben setzt dann das bis zu einer Stunde dauernde große Husten und Keuchen der BewerberInnen ein, wie ich dem Laufblog „Nicole läuft" der Autorin Nicole Kolisch unter dem Titel „Stairway to Hell" entnehmen konnte ...

Bergab von den Türmen in Richtung Matzleinsdorfer Hochhaus existierte übrigens in den 80er-Jahren ein besonderes kulinarisches Kuriosum: ein Selbstbedienungs-Mikrowellenrestaurant. Wohl vor allem für Trucker gedacht, konnte man sich dort an der Triesterstraße nach Geldeinwurf diverse Gerichte aus der Tiefkühltruhe holen und anschließend selbst in der bereitgestellten Mikrowelle zubereiten. Geradezu unpackbarer Futurismus für das Wien zu dieser Zeit, weshalb ich auch selbst das eine oder andere Mal dort dinierte.

Ebenfalls bergab von den Türmen, allerdings in südlicher Richtung, bilden auch noch die Gebäude des Wohnparks Alt-Erlaa ihre ganz eigene Skyline. Diese Häuser (73,6–85,1 m) stellen eine der größten Wohnanlagen in Österreich dar und sind tatsächlich eine ganz eigene Welt für sich. Noch viel mehr als andere großflächige Gemeindebauten, wie die Rennbahnsiedlung oder die Per-Albin-Hansson-Siedlung, sind die Gebäude von Alt-Erlaa eine eigene Stadt in der Stadt, die man, wenn man nicht außerhalb arbeitet, nicht verlassen muss, wenn man sie nicht verlassen möchte. Es gibt innerhalb der Wohnblöcke Kindergärten, Schulen, Ärztezentren, eine (achteckige) Kirche, Sportanlagen, Spielplätze, Parks, ein Einkaufszentrum, Restaurants, in jedem der sieben Häuser eine Sauna (mit Hallenbädern, Tepidarium, Solarien und Infrarotsaunen) und auf jedem Dach ein Swimmingpool. Weiters 37 frei nutzbare Clubräume, den Fernsehsender WPTV und die Monatszeitung „Wohnpark Alterlaa Zeitung – WAZ" (für Bewohner gratis. Die Wohnzufriedenheit in Alt-Erlaa gilt übrigens als auffallend hoch).

Dazu kommt natürlich noch die beeindruckende Architektur mit ihren ausufernden, üppig begrünten Terrassen in den unteren Stockwerken. Was beim Besucher ein recht eigenartiges Gefühl auslöst, wenn man sich in der Mitte zwischen den Wohnblöcken befindet. Die Häuser werden nämlich zum Boden hin immer breiter (die besagten Terrassen), was ihnen eine sanft geschwungene Kurve nach unten verleiht, die quasi auf Bodenniveau endet. Ergebnis: Man hat das Gefühl, sich am Grunde eines gewaltigen Tals zu befinden. Eines durch eiszeitliche Eismassen geformten Trogtals, um genauer zu sein, falls sich jemand noch an seinen Geografieunterricht erinnern kann. Schwankend zwischen 9000 und 10.000 Menschen leben hier, die sich alle auch eine einzige Adresse teilen: die Postzustell-Adresse 1230 Wien, Anton-Baumgartner-Straße 44 hat nicht weniger als 3172 „Abgabestellen“, an die fünf eigene Zusteller täglich ca. 8500 Poststücke und 14.000 Postwurfsendungen abliefern. Wer noch nicht dort war, ein Trip in diese Parallelwelt ist durchaus empfehlenswert. Und auch leicht durchführbar. Nicht nur machen die neuen urbanen Leihautos „car2go“ für Alt-Erlaa eine Ausnahme und haben dort eine außerhalb des sonstigen Betriebsgebiets gelegene „Abstellinsel“ errichtet, die Siedlung hat auch ihre eigene U-Bahnstation (U6 Alterlaa).

Ein letzes hochbauliches Kuriosum Wiens hat eine weniger beschauliche Vergangenheit und zum Teil Gegenwart: die Flaktürme. Diese sechs ehemaligen „Flugabwehrkanonentürme“, drei Paare mit je einem Gefechtsturm und einem Feuerleitturm, sind als Dreieck um die Innenstadt verteilt, mit dem Stephansdom als ungefährer Mitte. Und derart massiv und derart groß, dass sie von den meisten Wienern schlicht übersehen werden. Im Zweiten Weltkrieg errichtet, stehen diese sechs riesigen Klötze heute zumeist in der Mitte von stark frequentierten Parks. Wieso sie nach dem Krieg nie abgerissen wurden, wurde oft damit erklärt, dass sie so massiv betoniert seien, dass man sie gar nicht abreißen könne. Das ist natürlich Quatsch. Alles kann man abreißen und bei den heute nicht genutzten Türmen erledigt das bereits die Natur von allein hervorragend: der Zugang zu diesen ist wegen erhöhter Abbröselgefahr schon länger nicht mehr gestattet. Vielmehr hab ich für das Verschleppen der Beseitigung der Türme zwei Theorien: das Abreißen war der Stadt Wien einfach zu teuer. Oder sie wurden, zumal in der Zeit des Kalten Kriegs, einfach für den Fall aufgehoben, dass man sie vielleicht noch brauchen könnte ... Mittlerweile ist das Thema aber gegessen, weil die Dinger, eine typisch österreichische Lösung, inzwischen eh unter Denkmalschutz stehen.

Die Flaktürme sind übrigens nicht gleich hoch, was der militärischen Logik folgt. Sie sind deswegen unterschiedlich hoch, weil sie auf unterschiedlich hohem Gelände errichtet wurden: ihre jeweils oberen Plattformen liegen dadurch nämlich alle auf einem einheitlichen Niveau! Also, gleich hoch über dem Meeresspiegel. Genauer gesagt sind die Türme daher zwischen 39 und 55 Meter hoch.

Neben den zerbröselnden haben einigen davon heute zum Teil neue Aufgaben bekommen. Am bekanntesten wohl „Das Haus des Meeres", das im Esterházypark (6. Bezirk) im einzigen öffentlich begehbaren Flakturm residiert. Dieser ist mittlerweile von diversen Biotopen durchwachsen und in einem gewaltigen Becken (300.000 Liter) ziehen auch ein Haufen Haie ihre Runden. Sowie eine

Von Kriegsrelikt zu Kletterturm und Hai-Heimat: der Flakturm im Esterházypark

grüne Meeresschildkröte namens Puppy, deren Pate Wiens Bürgermeister Häupl ist. Außerdem kann man ihn beklettern (also den Flakturm, nicht den Bürgermeister) und er besitzt außen eine künstlerisch gestaltete, pazifistische Beschriftung „Smashed to pieces in the still of the night/Zerschmettert in Stücke im Frieden der Nacht". Sein noch immer martialisch genutzter Partner-Turm steht in der Stiftskaserne, dazu weiter unten.

Einer der zwei Türme im Arenbergpark (zum Thema unauffällig: vor dem Verfassen dieses Artikels hätte ich Stein und Bein geschworen, das sowohl im Arenbergpark als auch im Augarten jeweils nur ein Flakturm stehen würden und nicht zwei!) wird heute genutzt und beherbergt ein beachtliches Kunstdepot des Museums für Angewandte Kunst. Und steht selbst im Zentrum eines Kunstprojekts mit Namen „CAT – Contemporary Art Tower". Der militärische Name der Anlage lautet übrigens Paar VIII (Codename „Baldrian"), warum auch immer, der Park liegt im 3. Bezirk.

Die Türme im 2. Bezirk im Augarten („Paar VII", warum auch immer, Codename „Peter") werden nicht genutzt und bröseln vor sich hin. Vor allem der Gefechtsturm, der seit einer durch spielende Kinder ausgelösten Munitionsexplosion im Jahr 1946 schwer beschädigt ist.

Der unbekannteste aller Türme, Teil des Paares V (6. und 7 Bezirk, die Logik entzieht sich mir noch immer), ist zugleich der aktivste – und seiner ursprünglichen Nutzung am nächsten. Es ist auch der einzige Turm, dem man sich als Unbefugter nicht nähern kann. Die Rede ist von dem Gefechtsturm in der Stiftskaserne. Denn er steht nicht nur im Hof einer Kaserne, er wird auch bis heute militärisch genutzt. Wie genau, ist geheim. Unter anderem stellt er jedenfalls auch das Ausweichquartier der Regierung im Krisenfall dar. Näheres dazu auch im Kapitel „Wien, unterirdisch".

Abgesehen von den genannten, von Menschen ernannten künstlichen Höhen Wiens zu denen korrekterweise auch noch die Spitzen des Stephandoms (137 m) und des

Rathauses (105 m) und gehören, gibt es auch noch ein paar hohe Schlote. Neben dem schon erwähnten Kamin des Kraftwerks Simmering (200 m) plus zwei weiteren mit 121 m und 120 m Höhe, sind hier vor allem der Kamin des Dampfkraftwerks Donaustadt (150 m, Nähe FKK-Gelände Neue Donau) und der Kamin des Kraftwerks Spittelau (135 m) zu nennen. Man erkennt sie jeweils vor allem nachts an den roten blinkenden Lichtern an ihren Spitzen.

Freunde der Addition können auch noch den Kahlenberg und den Sendeturm auf seiner Spitze zusammenzählen und erhalten so den absolut höchsten Punkt Wiens über Seehöhe: 649 Meter. Das höchste Hochausdach dürfte nach einer weiteren Addition der Twin Tower eben jene(r) mit etwa 380 Metern Seehöhe erreichen.

Zwei weitere Wolkenkratzer sind in Wien aktuell geplant beziehungsweise in Bauvorbereitung: das Company Building 21 (115 m) im „Business Park" Town Town, gleich neben der Südosttangente im 3. Bezirk und der aus zwei (nach alten Plänen drei) Gebäuden bestehende, oben verbundene Monte Laa Tower (110 m), ebenfalls an der Südosttangente. In die Weltspitze der Städte mit Hochhäusern und Wolkenkratzern wird Wien aber auch mit diesen nicht vorstoßen. Auf Platz 1 liegt hier übrigens die kleine Touristengemeinde Benidorm an der spanischen Ostküste (ja, Spanien hat auch eine Ostküste), mit der weltweit höchsten Hochausdichte pro Einwohner. Konkret 345 Gebäude mit über 12 Etagen davon 25 Wolkenkratzern plus zwei in Bau ...

Wo bitte ist der Schwedenplatz?

Gassen verschwinden. Das ist im Zuge von städtischen Aus- und Umbauten ganz normal. Mal, weil zwei Grundstücke zusammengelegt werden und die Gasse dazwischen gleich mitverbaut wird, mal, weil die Errichtung einer breiteren Straße einige Gebäude, Grundstücke und eben auch Gassen planiert. Besonders massiv in Europa und auch in Wien war das Gassensterben zur Gründerzeit, als mittelalterliche und spätneuzeitliche Klein- und Kleinststrukturen großräumiger Stadtplanung weichen mussten. Immerhin kann man sich in Wien noch da und dort, in der Innenstadt etwa rund um die Ballgasse, einen Eindruck verschaffen, wie eng und verwinkelt früher die ganze Stadt gewesen sein muss. Andere Relikte dieser Umbauten sind auch die zahlreichen unterbrochenen Straßen und Gassen in Wien, wo zwar nicht die ganze Straße fehlt, aber immerhin ein Teil davon. Immer wieder erheiternd, wenn man sich als Autofahrer auf der Suche nach einer bestimmten Hausnummer plötzlich mit einer Wand konfrontiert sieht, die man dann durch einen meist unbekannten lokalen Einbahnzirkus umfahren muss.

Aber davon soll hier nicht die Rede sein. Sondern vielmehr von zwei Gassen des 1. Bezirks, die erst 1945 verschwunden sind und durchaus bis heute eine städtebauliche Lücke hinterlassen haben, wenn diese auch eher spür- als sichtbar ist. Nach den Bombardements von Wien wurden zwar die meisten Gebäude wieder instand gesetzt oder ähnlich dimensionierte an derselben Stelle errichtet – aber eben nicht immer. Doch zuerst ein anderer Ansatz.

Wenn man einen Wiener unter 70 fragt, wo der Schwedenplatz beginnt und aufhört, wird die Antwort, sogar

Gepflanzte Intervention am Morzinplatz, dahinter nicht der Schwedenplatz

von Innenstadtbewohnern, lauten: von der Schwedenbrücke (Laurenzerberg) bis zum Salzgries, also nach der Ruprechtskirche. Und tatsächlich: die beschriebene Gegend ist ein geschlossen freies Areal. Trotzdem ist die Antwort falsch, sogar in mehrfacher Hinsicht. Denn der echte Schwedenplatz ist tatsächlich winzig klein und reicht nur von der Postgasse bis etwa Höhe Eissalon Schwedenplatz. Sogar der hintere Ausgang der Station Schwedenplatz liegt nicht mehr am Schwedenplatz. Das kann man leicht an den Hausnummern ablesen: Haus 2 ist das vor dem Eissalon (der selbst hat bereits die Nummer Franz-Josefs-Kai 17), 3–4 ist das Hotel Capricorn und Nummer 5 das mit dem Sportgeschäft am Ende der Postgasse. Nummer 1 fehlt.

Dieser winzig kleine Platz, im Sinne der alten dynastischen Benennung des Ring-Kai-Rings hieß er zuerst Kaiser Ferdinands-Platz, wurde früher dort, wo heute Kebab-Pizza-Würstelstände stehen, von einem Haus begrenzt, die ehemalige Nummer 1. Und dieses war die Spitze einer eigenen Gasse, die zwischen der heutigen Häuserfront und dem heutigen Fahrstreifen am Kai lag. Ihr Name: Adlergasse. Im Krieg zerbombt, danach nicht wieder aufgebaut. In ihr lag unter anderem das früher bekannte „Küß den Pfennig"-Haus. Dennoch, auch die Adlergasse ist nur ein Teil der Lösung des, sagen wir einmal „Schwedenplatzrätsels". Denn die Adlergasse war nur fünf Häuser lang und endete bereits bei der Rotenturmstraße. Danach fand sie eine Fortsetzung mit weiteren fünf Häusern der ebenfalls verschwundenen Kohlmessergasse. Heute vielleicht noch Theater- und Filmexperten durch die Komödie „Mord in der Kohlmessergasse" bekannt. Daran schloss sich der noch heute bestehende Morzinplatz an. Der Name ist zwar dem Wiener schon bekannt, aber wo der jetzt genau anfängt und endet ...

Nun, nach der Zerbombung und dem Abriss der Häuserzeile erhielten die ehemaligen noch bestehenden Häuser der Adler- und Kohlmessergasse die neue Adresse Franz-Josefs-Kai. Begrenzt von Schwedenplatz 2 und Morzinplatz 1 (nach der Stiege zur Ruprechtskirche). Die ganze breite, leere Fläche vor den Kai-Häusern hat also eigentlich keinen Namen. Und wenn man sich darauf stellt, so kann man noch ganz gut nachspüren, dass hier eine ganze Häuserzeile fehlt. Denn der leere Raum wurde bis heute nur sehr hatschert mit Grünflächen und Nutzbauten gestaltet.

Was hier im Bereich Morzinplatz *nicht* fehlt, ist das berüchtigte Hotel Metropol, das spätere Hauptquartier der Gestapo in Wien. Denn das stand auf einem Grund, auf dem heute auch wieder ein Gebäude (Morzinplatz 2, Leopold-Figl-Hof, das mit dem Copy-Shop) steht. Auch wenn man genau schaut, ist der Platz heute nicht als solcher gut erfassbar, aber dafür kann man darauf und in der Umgebung zahlreiche Spuren des Gedenkens an das ehemalige Folterhotel finden. Relativ bekannt ist das Mahnmal für die Opfer der NS-Gewaltherrschaft am Platzrand, das zum Teil aus Mauthausener Granit gefertigt ist. Weniger bekannt schon das Relief auf der Vorderfront (am Balkon)

Eines von mehreren Denkmälern rund um Wiens ehemaliges Gestapo-Hauptquartier

des heutigen Leopold Figl-Hofs, das an die Gräuel der Naziherrschaft erinnert. Am ehemaligen Hintereingang in der Salztorgasse befindet sich dazu eine „Gedenkstätte für die Opfer des österreichischen Freiheitskampfes 1938–1945", außerdem führen dort Fußspuren in das Haus hinein, die nicht mehr hinausführen ...

Aber es gibt noch ein weiteres, ein „flaches" Denkmal (siehe das gleichnamige Kapitel in „Furioses Wien"), das man nur mit pfadfinderischem Interesse zufällig oder mit detektivischem Gespür absichtlich finden kann. Am Gehweg hinter der Tankstelle am Morzinplatz führt nämlich ein (da auf der Höhe der Parkumfassung liegender) nicht gleich als solcher erkennbarer Weg zur Mitte des Platzes. Von dort hat man freien Blick auf eine Pflanzeninstallation der Künstlerin Carola Dertnig, die an die Verfolgung von homosexuellen und transgender Personen während des Nationalsozialismus erinnern soll. Widerstandsfähige Pflanzen bilden dort als künstlerische Intervention den Schriftzug „ZU SPÄT". Die Installation ist allerdings temporär geplant und soll noch im Jahr des Erscheinens dieses Buchs wieder enden. Falls ja, soll diese Erwähnung als Erinnerung an diese Bepflanzung dienen. Allerdings, gerade in Wien hat sich schon so manches Temporäre im Endeffekt als permanent erwiesen ...

Alles Rettung

Wer in Wien medizinische Notfallhilfe benötigt, wählt Eins-Vier-Vier und bald darauf ist die Rettung hier. Worauf man allerdings im Falle des Falles nicht so achtet: Es handelt sich nicht immer um das sprichwörtliche *Rote Kreuz*. Tatsächlich sind es vier Rettungsorganisationen, seit 1977 als „Wiener Rettungsgemeinschaft" vereint, die sich diese Aufgabe in der Bundeshauptstadt teilen. Neben dem Roten Kreuz sind das: der *Arbeiter Samariter Bund*, die *Johanniter Unfall Hilfe* und als ältester, der *Wiener Rettungs- und Krankenbeförderungsdienst*. Und zwar unter dem fast musketierischen Motto „Vier für Wien".

Vor – für eine alte Stadt wie Wien – noch gar nicht allzu langer Zeit, nämlich vor 130 Jahren, war das noch völlig anders. Und wie so oft galt auch hier der leider in Wien oft er- und gelebte Spruch: Erst muss amal was g'schehn, sonst g'schieht nix.

In diesem Fall eine Brandkatastrophe.

Die Rede ist vom berühmten Ringtheaterbrand im Dezember 1881. Dieser war eine der größten europäischen Brandkatastrophen des 19. Jahrhunderts und wird immer wieder in allen möglichen Zusammenhängen zitiert. Es gibt auch literarische Verarbeitungen, wie „Anatomie einer Katastrophe" von Helmut Qualtinger und Carl Merz, die den Prozess gegen die Verantwortlichen zum Inhalt hat und 1963 unter dem Titel „Alles gerettet. Der Ringtheaterprozeß" auch verfilmt wurde. Der Filmtitel bezieht sich auf den berüchtigten Ausspruch, mit dem die Polizei aufgrund einer verhängnisvollen Fehleinschätzung die herbeigeeilten Helfer im Foyer des Theaters von weiteren Rettungsversuchen abhielt, während drinnen Menschen erstickten und verbrannten.

Der Brand war während einer Vorstellung im vollbesetzten Theater ausgebrochen. Offiziell kamen dabei 386, vermutlich aber noch viel mehr Menschen ums Leben. (Unter den Opfern befand sich übrigens auch Ladislaus Vetsera, ein Bruder der späteren Mayerling-Suizid-Partnerin des Thronfolgers Rudolf, Baronin Mary Vetsera.) Den Grund für die Katastrophe sah man vor allem in den mangelnden Sicherheitsvorkehrungen. Die aus diesem Anlass heraus aber so-

Ringtheater, brennend

fort radikal verschärft wurden – so rigoros und durchdacht, dass sie bis heute gültig sind. Eingeführt wurden unter anderem der Eiserne Vorhang, Türen, die nach außen zu öffnen sind (!) sowie imprägnierte Bühnendekorationen. Ein Großteil dieser Regeln wurde nicht nur in ganz Österreich eingeführt, sondern bald auch international übernommen.

Viele der Fakten des Brandes sind an der Geschichte ihrer Heimatstadt interessierten Wienern wohl einigermaßen bekannt. Aber nur wenige wissen überhaupt, wo das Ringtheater eigentlich war. Wer es etwa in der Nähe anderer bedeutender Häuser am Ring wie dem Burgtheater oder der Oper vermutet, irrt. Tatsächlich stand es nämlich an der Ecke Hessgasse, stadtauswärts zur Maria-Theresien-Straße hin, in etwa zwischen Börse und Jonas-Reindl.

Nach dem Brand entstand an dieser Stelle das sogenannte „Sühnhaus", finanziert aus der Privatschatulle von Kaiser Franz Joseph. Ein Mietshaus, dessen Ertrag „auf ewige Zeiten" wohltätigen Stiftungen zufließen sollte. Damit es rascher fertig gestellt werden konnte, wurde an dem Bau zwischen 1882 und 1885 sogar sonntags gearbeitet. Es wurde im Jänner 1886 eröffnet und einer der ersten Mieter war der jungvermählte Sigmund Freud, der allerdings wenige Jahre später, 1891, in die nahe gelegene Berggasse umzog. Es wurde auch zum Sterbehaus seines Architekten, des bekannten Ringstraßenbaumeisters Friedrich von Schmidt. Das Sühnhaus wurde im Zweiten Weltkrieg schwer beschädigt, dann abgetragen und seit 1974 nimmt ein Teil seines ursprünglichen Standortes das Gebäude der Bundespolizeidirektion Wien ein. Wie schon eine Kapelle („Unbefleckte Empfängnis") im Sühnhaus erinnert auch heute noch eine Tafel am Polizei-Gebäude an den Brand.

Andere noch vorhandene Zeugnisse sind vier Statuen, die als sogenanntes „Singendes Quartett" auf den „Pilastern der Attika", also auf dem Vorbau, des Theaters standen. Jetzt stehen die Damen im Pötzleinsdorfer Schlosspark. Auch erhalten: der verbrannte Schädel einer Frau, der heute noch als gruseliges Exponat im Wiener Kriminalmuseum zu besichtigen ist.

Aber abgesehen von all dem war der Ringtheaterbrand auch die Geburtsstunde der Wiener Rettung. Der Mediziner Jaromír Freiherr von Mundy gründete unter dem Eindruck der Ereignisse – schlechte und kaum organisierte sowie unterbesetzte Rettungsmannschaften mit mangelndem Material – zusammen mit zwei Grafen als Präsident beziehungsweise Ehrenvorsitzender die „Wiener Freiwilligen Rettungsgesellschaft". Einer der beiden, Johann Nepomuk Graf Wilczek (siehe auch Kapitel „Direttissima"), war übrigens auch Polarforscher und Förderer der berühmten „Österreich-Ungarischen Nordpolexpedition", welche 1873 die polare Inselgruppe entdeckte, die bis heute Franz-Josef-Land (Semlja Franza Iossifa) heißt. Eine der 191 Inseln ist auch nach ihm, „Wilczek-Land" (Semlja Wiltscheka), benannt und liegt unweit der „Klagenfurt Insel" (Ostrow Klagenfurt).

Aber zurück zur Rettung. Freiherr von Mundy war ursprünglich Militärarzt gewesen, der sich an der Front sowohl durch große und aufopfernde Hilfsbereitschaft als auch durch sein logistisches Talent in der Organisation von Hilfsmitteln, Helfern, Erstversorgung und Verwundetentransporten auszeichnete.

Unter dem Eindruck der dramatischen Ereignisse wurde Mundys Rettungsgesellschaft vom Kaiser sofort genehmigt und unterstützt (der Brand war im Dezember 1881, die Rettung wurde im Jänner 1882 gegründet und zu arbeiten wurde im Februar des gleichen Jahres begonnen) und von Mundy jahrzehntelang ausgebaut und – offiziell als Schriftführer – geleitet. Schon im April 1882 wurden erste Krankentransporte mit neu konstruierten und von Pferden gezogenen Ambulanzwagen begonnen. Jaromír Mundy arbeitete auch aktiv im Rettungseinsatz mit – und zwar je nach Erfordernis als Arzt, Krankenträger oder auch als Kutscher. Sein Modell einer modern organisierten Rettung wurde – wie auch die Theaterfeuervorschriften – schon bald weltweit kopiert und übernommen.

Aus der „Wiener Freiwilligen Rettungsgesellschaft" ging dann die Wiener Berufsrettung hervor, heute Teil der Magistratsabteilung 70. Die Entwicklung der Wiener Rettung wurde, beginnend bei dem Transport durch Pferdekutschen, von ständigen Modernisierungen begleitet: Blaulicht, Folgetonhorn und Funksprechgeräte wurden etwa in der 1950er-Jahren eingeführt.

Dieses nicht nur historisch bedeutende Viertel der „Vier für Wien" hat seinen Hauptsitz übrigens in einem auffälligen, aber doch oft übersehenen kleinen Gebäude, in der

Nähe der Aspernbrücke an der Mündung der Wien in den Donaukanal, wo der Hauptstrom des Verkehrs (von der Urania kommend am Beginn der Oberen Weißgerberstraße) täglich intensiv vorbeirauscht. Genauer gesagt steht es zwischen dem fröhlich postmodern angehiaselten Bundesamtsgebäude Radetzkystraße und der Strandbar Herrmann (siehe „Furioses Wien", Kapitel „Wien am Sand"). Mundy errichtete das Gebäude mithilfe von Spendengeldern selbst – für den ersten Wohltätigkeitsball der Wiener Rettung schrieb Johann Strauß 1887 seinen Marsch „Freiwillige vor" – und blickt dafür heute in Form einer Büste im ersten Stock dem herannahenden Verkehr entgegen. Der ja seiner Rettungsgesellschaft heute nicht zu geringem Teil ein weites Betätigungsfeld beschert ...

Apropos Bundesamtsgebäude. Das leicht eigenwillige Haus, errichtet um drei Oktagone, also achteckige Höfe, wurde 1986 eröffnet. Damals thronte auf seinem Dach eine schwer zu beschreibenden Metallskulptur, vielleicht am ehesten einem Kometenschweif ähnlich. Tatsächlich stellt die von Gero Schwanberg erschaffene Plastik namens „Flammende Fahnen" die neun wehenden Fahnen der neun österreichischen Bundesländer dar – und wurde bald darauf, 1993, vom Dach des Hauses auf einen Sockel am Hintereingang des Gebäudes transferiert: Im Gegensatz zu dem die dargestellten Fahnen zum Wehen bringenden imaginierten Wind zerrte der echte derart an der aus Edelstahl gefertigten Skulptur, dass ein Absturz mit gravierenden Folgen befürchtet werden musste.

Die 26 Bezirke von Wien

Jeder hat schon davon gehört, aber kaum jemand, außer einschlägig Interessierten, weiß wirklich Näheres darüber: Groß-Wien. Falls überhaupt, dann hat man als Wiener noch im Kopf, dass die Stadt während der Nazi-Zeit um einige Bezirke erweitert wurde, von denen nach dem Krieg Liesing als neuer 23. Bezirk Wiens überblieb. Das ist soweit korrekt, aber unvollständig.

Zum einen stammen die Pläne zu einer (neuerlichen, dritten) Erweiterung von Wien zu einer etwa vier Millionen Einwohner umfassenden Metropole Groß-Wien noch aus der k. u. k.-Zeit, wurden aber durch den Ersten Weltkrieg gestoppt. Und danach obsolet: die um 1900 zwei Millionen Einwohner zählende Stadt Wien verlor mit ihrer Bedeutung als Hauptstadt eines Weltreichs auch drastisch an Einwohnern. Und ist somit die einzige Großstadt der Welt, die im Jahr 1900 mehr Einwohner hatte als im Jahr 2000.

Die (temporäre) Verwirklichung einer Erweiterung wurde dann bereits bald nach dem „Anschluss" 1938, quasi als Wahlzuckerl für die – nachträgliche – Volksabstimmung zum Beitritt Österreichs zum Deutschen Reich beworben: Wien sollte ausgebaut werden zur „zweitgrößten deutschen Stadt" des Reiches, ja, sogar zur „flächenmäßig größten". Aber erst zwei Jahre später sprach der neue Gauleiter (Baldur von Schirach) von Wien als Perle, der er die richtige Fassung (also ein paar niederösterreichische Gemeinden) geben wollte und ging's an. Pläne, die eine Erweiterung von an die 50 km rundum vorgesehen hatten, wurden zwar wieder schubladisiert, aber das neue Groß-Wien, ident mit dem „Gau Wien", verdoppelte im Durchschnitt den Radius der damaligen Stadtgrenzen. Wien hatte insgesamt 26 statt 22 Bezirke, wobei man sich das nicht einfach so als vier neue Bezirke rundherum vorstellen kann. Sondern vielmehr so:

- Der 21. Bezirk, *Floridsdorf*, wurde im Norden bis nach Enzersfeld hochgezogen.
- Der 22. Bezirk, damals *Groß-Enzersdorf* genannt, zog sich im Osten bis zur (schiefen) Linie Rutzendorf, Andlersorf, Mannsorf, jedenfalls weit ins Marchfeld und die Donau-Auen.
- Der 23. Bezirk, *Schwechat*, reichte im Osten bis weit über Schwechat hinaus nach Fischamend und im Süden bis hinter Grammatneusiedl und Moosbrunn – die größte Ausdehnung der Stadtgrenzen in eine Richtung. Tja, hätte es den Flughafen Schwechat damals schon gegeben, wären Taxifahrten zum Stadttarif erfolgt. Wie heute leider nicht ...
- Der 24. Bezirk hieß *Mödling* und erstreckte sich über alle Weinorte des Wienerwaldes bis Sittendorf, Gaaden, Gumpoldskirchen, Guntramsdorf bis Münchendorf.
- Der 25. Bezirk, *Liesing*, war auch größer als der heutige 23. und reichte noch bis inklusive Breitenfurt.

- Der 26. Bezirk schließlich hieß *Klosterneuburg* und erstreckte sich über Klosterneuburg hinaus bis nach Gugging, Kritzendorf und Höflein.

200.000 (reichsdeutsche) Niederdonauer wurden über Nacht zu (reichsdeutschen) Wien-Gauern. Vom Gscherten zum Batzi mit dem Strich eines Federkiels.

Insgesamt schluckte die Aktion 97 niederösterreichische Gemeinden, pardon, Gemeinden des Reichsgaus Niederdonau. Also nicht, dass alle diese Gegenden nicht auch heute von Wienern bewohnt, besiedelt und stark frequentiert wären, aber damals lagen sie halt eben tatsächlich innerhalb der Stadtgrenzen. Wien wurde damit wieder zur (fast) Zweimillionenstadt, der damals sechstgrößten der Welt. Um den Gebietsverlust zu verschmerzen, bekam Niederösterreich dafür neben anderen Gebieten fast das ganze Burgenland (Nord- und Mittel-) geschenkt.

Neben den Erweiterungen kamen ein paar Verschiebungen innerhalb der alten Bezirke dazu, die teilweise auch nach dem Krieg beibehalten wurden, aber wir wollen hier nicht Erbsen und Häuserblöcke zählen.

Mit Kriegsende wurde die Vergrößerung Wiens ziemlich rasch wieder aufgehoben. Nicht zuletzt auf das Drängen der Russen, weil alles, was nun nicht mehr Wien, wieder Niederösterreich war – und damit Teil der russischen Besatzungszone.

Es gab zwar damals auch Pläne der Siegermächte, ein leicht verändertes Groß-Wien zu belassen beziehungsweis zu schaffen, aber so weit kam's dann doch nicht. Allerdings wurde festgelegt, dass immerhin 14 ehemalige Gemeinden und einige Landflächen bei Wien verbleiben würden. Zum größten Teil bildeten diese den heutigen 23. Bezirk Liesing (siehe auch Kapitel „Sprechende Wappen"). Aber nicht nur: auch Floridsdorf, das neue Donaustadt, Simmering, Favoriten, Penzing und Ottakring erhielten ein wenig vom Groß-Wiener Kuchen.

Die restlichen Gebiete inklusive nun Ex-Wiener Bevölkerung gingen wieder an Niederösterreich und an ehemalige und neue Bezirke dort zurück. Allerdings. Allerdings blieben bei der Einigung 21 Gemeinden (darunter sogar fünf Städte und acht Marktgemeinden), quasi, nun, über. Die wurden dann kurzerhand zum einem neuen NÖ-Bezirk zusammengefasst, mit dem formschönen Namen „Wien-Umgebung". Wer sich also schon immer fragte, wo diese Autos mit dem WU-Kennzeichen eigentlich herkommen ... nun, sie kommen aus dem Norden, Westen und Südosten von Wien! Denn die Gemeinden von Wien-Umgebung sind alles andere als miteinander verbunden – und umfassen etwa so diametral entgegengesetzt liegende Orte wie Schwechat und Klosterneuburg, Purkersdorf und Gerasdorf. Unglaubliches Niederösterreich!

Übrigens: Viele der damals für die Anbindung der neuen Bezirke an das vorhandene Wien gesetzten infrastrukturellen Maßnahmen bestehen bis heute. Auch solche, die streng genommen vor den Toren Groß-Wiens stattfanden. Wie das traurige Beispiel Strasshof im Nordosten von

Die Stadtgrenzen von Groß-Wien

Wien belegt. Ein Blick auf den Stadtplan der Marktgemeinde zeigt, dass der Bahnhof und die Gleisanlagen für einen derart kleinen Ort bei Weitem überdimensioniert sind. Der Grund dafür liegt in der Geschichte: Strasshof war eine Hauptverschubstelle für deportierte Juden, bis die Gleisanlagen von den Alliierten bombardiert wurden. Es gab es hier ein Konzentrationslager/Durchgangslager für hauptsächlich ungarische Juden und der Ort war Schauplatz vieler Todesmärsche. Heute erinnert wenig daran und auf der Website der Gemeinde folgt in der Gemeinde-Chronologie auf einen Eintrag von 1923 einer von 1945: „Schwere Luftangriffe, große Zerstörung, viele Tote. Ort wird zum Frontgebiet mit nachfolgender Stationierung fremder Soldaten bis 1955." Dafür ist ein Teil der alten Bahnanlage, das „Heizhaus", heute ein Eisenbahnmuseum ... Immerhin: seit 2011(!) erinnert ein Denkmal auch an das Lager und dieses findet sich sogar ebenfalls auf der Website der Gemeinde. Und auch die heutige Forschung beschäftigt sich mit den Geschehnissen in Strasshof, wie eine aktuelle Publikation zeigt.

Ein begnadeter Fälscher

Das Kaiserreich Österreich sowie die Doppelmonarchie Österreich-Ungarn waren dem Fortschritt nicht unbedingt rasend aufgeschlossen – beziehungsweise hinkten sie den weiter westlich gelegenen Reichen in vielen Punkten hinterher ...

So wurden etwa die industrielle Revolution des 19. Jahrhunderts nur zögerlich mitgetragen und militärische Entwicklungen gar ignoriert ... Was sich unter anderem bei der Schlacht um Königgrätz (1866) zeigte, wo den viel moderner bewaffneten Preußen bis zum Untergang alte Vorderlader und der zur Motivation in Dauerschleife gespielte Radetzkymarsch entgegengehalten wurden. Was den nicht als extrem helle geltenden, zu dem Zeitpunkt bereits abgedankten und im Ruhestand lebenden Kaiser Ferdinand I. zu dem Ausspruch veranlasste „So hätt' ich's auch getroffen." Wobei die Frage durchaus offen bleibt, ob eine raschere Modernisierung das Zerbrechen des fragilen Vielvölkerstaates nicht sogar eher beschleunigt als langfristig aufgehalten hätte.

Doch zurück von historischen Spekulationen zum eigentlichen Thema: klassische Fehleinschätzungen sowie tatsächliche technische Neuerungen des 19. Jahrhunderts. Bekannt und typisch ist die Geschichte des Tiroler Zimmermanns und Erfinders Peter Mitterhofer, der um 1864 zwei Mal mit marktreifen Modellen einer modernen

Schreibmaschine zu Fuß von Südtirol nach Wien pilgerte, um sie dem Kaiser (Franz Joseph) zu präsentieren. Er erhielt dafür auch einen anerkennenden Obulus, das erste Mal 200, das zweite Mal – für das wesentlich verbesserte Modell! – 150 Gulden. Die Maschinen landeten aber weitgehend unbeachtet und eher als Kuriosum in der Sammlung des Polytechnischen Institutes. Ihr Nutzen wurde nicht erkannt, die Schreibmaschinenrevolution fand daher einige Jahre später andernorts statt.

Eine andere schöne Geschichte ist die vom Wiener Mechaniker Besetzny, der noch in der Zeit des Vormärz Kaiser Franz I. bei einer Audienz mit perfekt gefälschten Banknoten überraschte, um darauf hinzuweisen, dass das bisher verwendete Wasserzeichen viel zu unsicher sei. Ein verbessertes, weitaus fälschungssichereres Verfahren hatte er auch gleich in der Tasche. Die Reaktion des Monarchen? Eine erboste Warnung samt Strafandrohung, solche Fälschungen in Zukunft zu unterlassen. Die alten Wasserzeichen würden völlig ausreichen.

Womit wir indirekt bei Franz Xaver Wurm gelandet wären. Sein Name ist unter anderem deswegen heute noch bekannt, weil er in der Studie „Die Arbeitslosen von Marienthal" vorkommt, die Marie Jahoda, ihr Ehemann Paul Lazarsfeld und Hans Zeisel in den 1930er-Jahren verfassten und die heute als erste wesentliche empirische sozialwissenschaftliche Arbeit der Welt gilt. Es gäbe aber viele andere Gründe, wegen denen er auch heute noch eine wesentlich größere Bekanntheit verdienen würde.

Wurm wurde in Kärnten geboren und war (hundert Jahre vor der Studie) Mitbegründer der ersten Textilfabrik Marienthal. Allerdings weniger, weil er sich besonders für Textilien interessiert hat, sondern mehr, weil er eigentlich Erfinder auf dem Gebiet der Mechanik war. Er erfand alles Mögliche, von Feuerwehrspritzen bis zu Paternosteranlagen.

Angestachelt wurde sein Ehrgeiz Anfang des 19. Jahrhunderts durch einen Wettbewerb der französischen Regierung, die 1810 einen Preis von einer Million Franc für die Erfindung einer modernen Flachsspinnmaschine auslobte. Wurm erfand sie, baute sie, verbesserte sie. Durch die Wirren der napoleonischen Kriege (übrigens stammt sowohl das englische Wort „war" als auch das französische „guerre", vom deutschen Wort „Wirren" ab, aber das nur nebenbei) kam es aber nie zu einer Preisvergabe. Wurm erhielt aber ein Patent (also ein kaiserliches Privileg) und gründete mit dem Kapital eines pensionierten Wiener Polizeioberkommissärs 1820 eine moderne Flachsspinnerei in Gramatneusiedl, genauer gesagt im Ortsteil Marienthal. Die Geschäfte gingen anfangs gut und Wurm erfand und verbesserte noch Dutzende weitere Maschinen. Manche Erfindungen waren aber sehr teuer und nicht unmittelbar erfolgreich, was erhebliche finanzielle Belastungen mit sich brachte, die zusammen mit einem aufwendigen Prozess um die Patentrechte an seinen Flachsspinnmaschinen, der zwar gewonnen wurde, zu seinem finanziellen Ruin führten.

Aber was ein guter Erfinder ist, der weiß sich zu helfen. Wenn auch nicht immer ganz legal. Franz Xaver Wurm erinnerte sich der Klagen seines Freundes Besetzny (siehe oben), dachte sich, was der kann, kann ich auch und wandte sich der Fälschung von den gerade erst so recht in Mode gekommenen Banknoten zu. Allerdings nicht mit mechanischen Mitteln, sondern mit Feder und Wasserfarben. Das allein wäre nicht das Problem gewesen, aber Wurm scheiterte schon bald darauf an dem Grundproblem aller Blütenhersteller der Welt: Nicht unbedingt die Perfektion der Herstellung macht es aus – die unauffällige In-Umlauf-Bringung des Falschgeldes ist der Schlüssel zum Erfolg! Insofern kann es nicht als brillanter Schachzug gelten, dass Wurm einfach einen seiner Angestellten mit falschen Geldscheinen zum Einkaufen nach Wien schickte. Die Blüten wurden entdeckt und bald darauf klickten die Handschellen. Wurm war voll geständig und überraschte Polizei wie Gericht mit einer akribisch geführten Liste aller seiner Blüten. Er hatte nämlich geplant, nach der Überwindung seiner finanziellen Krise, alles wieder zurückzuzahlen.

Dennoch: 1827 wurde Franz Xaver Wurm zum Tod verurteilt. Das Urteil wurde dann allerdings nicht vollstreckt, sondern nach langem Hin und Her in eine lebenslange Kerkerhaft umgewandelt. Wurm erhielt auch einige Hafterleichterungen, was, wenig erstaunlich, dazu führte, dass er auch im Gefängnis weiterforschte und -erfand. Aus dieser Zeit stammen etwa verbesserte Spinnmaschinen, eine Methode, um Zucker aus Heu zu gewinnen, eine

Schreibmaschine für Blinde sowie eine gefinkelte mathematisch-astronomische Uhr. Er durfte auch Besuch empfangen und beriet andere Erfinder.

Und jetzt kommt der schöne Teil. Kaiser Franz besaß eine französische Spieluhr. Und die blieb immer wieder stehen. Und er beklagte sich, dass kein Uhrmacher Wiens in der Lage sei, den Fehler zu finden und sie in Ordnung zu bringen. Einer seiner Hofräte brachte die Uhr schließlich zu Wurm ins Gefängnis, der sie nicht nur reparierte, sondern ihr unter anderem auch noch eine Walze mit dem Lieblingsstück des Kaisers einbaute. Der war darüber so glücklich, dass er Wurm schließlich begnadigte. Siehe auch den Titel dieses Kapitels.

Nicht genug des Happy Ends kam Wurm später auch wieder sowohl zu Ruhm als auch zu Reichtum. Zuerst wurde er – eine Ironie, die an den Film „Catch Me if You Can" erinnert – im kaiserlich-königlichen Haupt-Münzamt angestellt. Später entwickelte er (unter anderem!) weitere Textilmaschinen für England und Frankreich, künstliche Beine mit Hüft-, Knie- und Knöchelgelenken, eine Waschmaschine, eine Kreissäge, eine Brennholzschneidemaschine für Blinde, eine Goldwaschmaschine und eine Maschine zur Herstellung von Nägeln. Viele seiner Erfindungen wurden aber für das Ausland entwickelt und zuerst oder nur dort eingesetzt, etwa die 1847 von ihm entwickelte Letternsetzmaschine, die unter anderem auch vom Brockhaus-Verlag und Verlagen in New York benutzt wurde.

Die meisten seiner Modelle und Pläne fielen zwar bei der Revolution von 1848 einem Raub der Flammen anheim, dennoch starb er 1860 als reicher und angesehener Mann. Sein Grab liegt versteckt am St. Marxer Friedhof. Auf der Tafel der dort bestatteten prominenten Persönlichkeiten befindet er sich allerdings bis heute nicht.

Zahlenspiele

3.1415926535897932384626433832795028841971 und dann noch einige mehr, genauer gesagt 478 Nachkommastellen der Kreiszahl π stehen im Zentrum einer wenig bekannten aber umso interessanteren Kunstinstallation im Bereich der Wiener U-Bahnstation Karlsplatz. Und geben ihr auch gleich den Namen, den vermutlich nicht einmal die Menschen, die diese Installation vom täglichen Vorbeigehen her kennen, kennen: nämlich „Pi". Denn nicht nur in, an und unter der als solchen ausgewiesenen Kunst- und Kulturlinie U3, bei der es ja zum System gehört, an jeder Station ein mehr oder weniger opulentes Kunstwerk zu präsentieren (siehe „Furioses Wien", Kapitel „Kunst und Kultur, unterirdisch"), auch bei vielen anderen Wiener U-Bahnstationen finden sich (mehr oder weniger versteckt) beabsichtigte künstlerische Gestaltungen.

Im Fall von „Pi" ist die Installation zwar eigentlich aus mehreren Gründen ziemlich auffällig (sich verändernde LED-Ziffern) und auch sehr groß (130 m Wandlänge insgesamt), kann aber nur von Menschen wahrgenommen werden, die einen der eher weniger frequentierten Ausgänge der Station Karlsplatz benutzen. Nämlich den (vom McDonald's in der Opernpassage abzweigend) Richtung Sezession, Naschmarkt und Café Museum, offiziell „Westpassage", was aber irgendwie ein bissi nach Christoph Kolumbus klingt. Wer da nun aber durchgeht, vorbei auch

Unterirdische Kunstinstallation in progress – von ernst …

am Lokal der Streetworker Karlsplatz, es nicht zu eilig hat und sich die Wände näher ansieht, kann da einiges Verblüffendes, Amüsantes aber auch zum Nachdenken Anregendes lesen.

Das Kunstwerk besteht im Wesentlichen aus Statistiken. Allerdings nicht aus starren, sondern aus „lebenden", in Echtzeit aktualisierten. Unter der jeweils erklärenden Überschrift stehen diese Zahlen als Leuchtschrift und verändern sich permanent – manche rasend schnell, andere sehr, sehr langsam.

Nur bei Pi, also π, sind die ersten 478 Stellen an die Wand gemalt, während ein Computer die weiteren Nachkommastellen (bekanntlich unendlich) live berechnet, deren jeweils aktuelle 10 letzten Kommastellen auf einem Display erscheinen.

Die anderen angezeigten Zahlen (offiziell heißen sie Factoids) sind, wörtlich zitiert:

1 Rüstungsausgaben seit 1. Jänner weltweit (in Euro)
2 Zeitraum bis zur Wiederbewohnbarkeit Tschernobyls (in Tagen)
3 Verzehrte Schnitzel in Wien seit 1. Jänner
4 Landminenopfer seit 1. Jänner
5 Entlehnte Bücher in Wien seit 1. Jänner
6 Wachstum der Sahara seit 1. Jänner (in Hektar)
7 Weltbevölkerung
8 Mit ihrem Job Unzufriedene in Österreich
9 Angefallene Müllmenge in Wien seit 1. Jänner (in Tonnen)
10 HIV-Infektionen weltweit seit 1. Jänner
11 Entlohnte Arbeitsstunden in Wien seit 1. Jänner
12 Kriegstote weltweit seit 1. Jänner
13 Verliebte in Wien heute
14 Unterernährte Kinder weltweit

Zusammen mit den jeweiligen Zahlen und der damit transportierten Botschaft erreichen diese Faktoide fast immer ihren Zweck der emotionalen, oft betroffen machenden Botschaft.

Pi wurde 2006 eröffnet, stammt von dem kanadischen Künstler Ken Lum, und die Zahlen wurden/werden vom SORA-Institut berechnet beziehungsweise gestellt.

... bis nicht ganz so ernst: „Pi", Karlsplatz, Westpassage

Danksagung

Mein Dank gebührt wieder vielen Anregern (wie einem Anrainer, der mich telefonisch auf die Baumgasse 7 aufmerksam machte), Gesprächspartnern, dem oftmals unfassbar passgenauen Faktor Zufall sowie insbesondere Dr. Christian Blankenstein für die Idee und viele Informationen zu den Kapiteln über die Wiener Rettung und Franz X. Wurm (entnommen seinem Buch „Vergessen, verkannt, verfemt“) und Roland Stadler vom ki3 (Verein für Kommunikation, Kunst und Kultur in 1030 Wien) für u.a. die Lösung des Baumgassen-Rätsels.

Weitere Bücher von Harald Havas im Metroverlag

160 Seiten, € 19,90
ISBN: 978-3-99300-000-4

224 Seiten, € 19,90
ISBN: 978-3-99300-139-1

2. Auflage 2014

Verlagsbüro W. GmbH
info@metroverlag.at

Printed in the EU
ISBN 978-3-99300-090-5